本书出版得到2023年度山东省人文社会科学课题专项研究
发展驱动力与路径创新研究"(编号:2023-ESDZ-030)、
建设科技计划项目"大数据赋能山东省智慧社区建设困
2024RKX-GPZZZ001)、2023年度济南市哲学社会科学
市新型智慧城市建设困境与优化路径研究"(编号:JNSK2
院现代服务管理学院第二期"星火项目"暑期专项调研项目 新时代物业管理智慧化
建设的困境与路径研究"(编号:XH20240705)、山东青年政治学院2021年度高层次
人才科研启动基金项目资助

经管文库·管理类

前沿·学术·经典

基于多业态视角下的
物业管理困境及解决路径研究

RESEARCH ON THE DILEMMAS AND SOLUTIONS
OF PROPERTY MANAGEMENT FROM A MULTI
TYPE OF OPERATION PERSPECTIVE

张慧峰 著

经济管理出版社
ECONOMY & MANAGEMENT PUBLISHING HOUSE

图书在版编目（CIP）数据

基于多业态视角下的物业管理困境及解决路径研究/张慧峰著 .—北京：经济管理出版社，2024.4

ISBN 978-7-5096-9663-7

Ⅰ.①基…　Ⅱ.①张…　Ⅲ.①物业管理—研究—中国　Ⅳ.①F299.233.3

中国国家版本馆 CIP 数据核字（2024）第 080011 号

组稿编辑：赵天宇
责任编辑：赵天宇
责任印制：许　艳
责任校对：张晓燕

出版发行：经济管理出版社
　　　　　（北京市海淀区北蜂窝 8 号中雅大厦 A 座 11 层　100038）
网　　址：www. E-mp. com. cn
电　　话：（010）51915602
印　　刷：北京晨旭印刷厂
经　　销：新华书店
开　　本：720mm×1000mm/16
印　　张：14.75
字　　数：261 千字
版　　次：2024 年 9 月第 1 版　　2024 年 9 月第 1 次印刷
书　　号：ISBN 978-7-5096-9663-7
定　　价：88.00 元

前　言

　　现代服务业作为经济社会发展战略中的重要组成部分，是衡量一个地区经济社会发展水平的重要标志。推动现代服务业发展壮大已成为当前经济发展的重要目标和关键动力。物业管理作为现代服务业的重要组成部分，对推动现代服务业高质量发展起着积极的促进作用。随着经济社会的发展，物业管理也从单一的住宅业态发展到学校、医院、商办、产业园等多业态，服务的范围在不断扩大，服务质量水平不断提高，这对服务人员综合素质提出了更高的要求。

　　本书主要介绍了物业管理在住宅、商办、高校、城市服务等方面的最新研究成果，内容包括绪论、社区物业管理研究、住宅物业管理智能化研究、高校物业管理研究、多业态物业管理研究、"物业+养老"模式研究、物业管理企业拓展城市服务研究、物业管理驱动新型智慧城市建设研究、结论与展望等。

　　山东青年政治学院物业管理教研室全体同志为本书的出版付出了辛勤的劳动，对他们表示衷心的感谢！本书出版得到 2023 年度山东省人文社会科学课题专项研究课题"山东省新型智慧城市发展驱动力与路径创新研究"（编号：2023-ESDZ-030）、2024 年度山东省住房城乡建设科技计划项目"大数据赋能山东省智慧社区建设困境与优化路径研究"（编号：2024RKX-GPZZZ001）、2023年度济南市哲学社会科学课题"大数据背景下济南市新型智慧城市建设困境与优化路径研究"（编号：JNSK23C105）、山东青年政治学院现代服务管理学院第二期"星火项目"暑期专项调研项目"新时代物业管理智慧化建设的困境与路径研究"（编号：XH20240705）、山东青年政治学院 2021 年度高层次人才科研启动基金项目资助。

目　录

第一章　绪论

第一节　研究背景

一、物业的发展梳理

"物业"一词译自英语 property 或 estate，是由中国香港传入内地，其含义为财产、资产、地产、房地产、产业等。该词自 20 世纪 80 年代引入内地，而物业经过多年的发展，已形成公认的概念，即物业是指已经建成并投入使用的各类房屋及其与之相配套的设备、设施和场地。物业涉及生活的方方面面，一个社区住宅可以是物业，医院大楼也可以作为一个物业，同一建筑物还可按权属的不同分割为若干物业，如商业综合体包含多种物业。物业含有多种业态，如别墅、医院、公园、旅游景区、住宅社区、酒店、厂房仓库、办公楼宇、工业园区、城市服务、商业大厦等就是多种物业形式。

商业物业是重要的物业业态，商业物业市场的繁荣往往受当地经济社会现状的影响，特别是与金融保险、顾问咨询、工商贸易、旅游等行业的发展密切相关。这类物业由于涉及物业流通与管理的资金数量巨大，所以常以机构（单位）投资为主，物业的使用者用房屋产权方提供的空间进行经营活动，按照签订的物业服务合同缴纳物业租金。商业物业也可以称为投资性物业，是指那些通过经营可以获取持续增长回报或者可以持续升值的物业，这类物业又可大致分为办公物业和商服物业。办公物业是从事生产、经营、咨询、服务等行业的管理人员（白领）办公的场所，它属于生产性经营的范畴。办公物业的分类有多种方式，一般来说，按照办公楼物业档次可划分为甲级写字楼物业、乙级写字楼物业和丙级写字楼物业；按照发展变化过程又可划分为传统办公楼物业、现代写字楼物业和智能化办公建筑物业等。商服物业是指各种供商业、服务业使用的建筑场所，包括宾馆、酒店、仓储、休闲娱乐场所、购物广场、百货商店、超市、专卖店、连锁店等。

工业物业是指为人类的生产活动提供使用空间的房屋，包括轻工业厂房、重工业厂房、高新技术产业用房及仓库等。工业物业有的用于出售，有的用于出租。一般来说，重工业厂房由于其设计需要符合特定的工艺流程要求和设备安装要求，通常只适合特定的用户使用，因此不容易转手交易。高新技术产业（如电子、计算机、精密仪器制造等行业）用房则有较强的适应性。轻工业厂房介于上述两者之间。

政府物业除居住物业包含的服务内容外，还涉及餐饮、会议、客房等多种综合类的服务。随着后勤社会化规模的增加，政府物业逐步成为主流物业形式。机关后勤管理社会化的实施，机关单位后勤管理工作转交由物业公司进行管理，由于政府物业的特殊性，对工作人员的综合素质要求较高，在人员的保密意识上尤为重视。

居住物业是最常见的一种物业业态，居住物业是指具备居住功能、供人们生活居住的建筑，包括住宅社区、单体住宅楼、公寓、别墅、度假村等，当然也包括与之相配套的公用设施、设备和公共场地。

上述物业种类以外的物业，称为其他物业，有时也称为特殊物业。这类物业包括高铁站、地铁站、游泳馆、高速公路、桥梁、隧道、高尔夫球场、汽车加油站、飞机场、车站、码头等物业。特殊物业经营的内容通常要得到政府的许可。特殊物业的市场交易很少，对这类物业的投资多属于长期投资，投资者靠日常经营活动赚取投资收益，国家规定这类物业的土地使用权出让年限最高为50年。

二、物业管理的概念界定

物业管理是指业主通过选聘物业服务企业，由业主和物业服务企业按照物业服务合同约定，对房屋及配套的设施设备和相关场地进行维修、养护、管理，维护物业管理区域内的环境卫生和相关秩序的活动。业主可以自行管理物业，也可以委托物业服务企业或者其他管理者进行管理。

物业管理有狭义和广义之分，狭义的物业管理是指业主委托物业服务企业依据委托合同进行的房屋建筑及其设备、市政公用设施、园林绿化、卫生、交通、生活秩序和环境容貌等管理项目进行维护、修缮活动；广义的物业管理应当包括业主参与共同管理的过程，以及委托物业服务企业或者其他管理人进行的管理过程。

物业管理企业是按照法定程序成立并具有相应资质条件，经营物业管理业务的企业型经济实体，是独立的企业法人。它属于服务性企业，它与业主或使用人之间是平等的主体关系，它接受业主的委托，依照有关法律法规的规定或合同的约定，对特定区域内的物业实行专业化管理并获得相应报酬。

公共服务是指物业管理中公共性的管理和服务工作，是物业管理企业面向所有居住人提供的最基本的管理和服务，主要包括以下八项：

（1）房屋建筑主体的管理及住宅装修的日常监督；

（2）房屋设备、设施的管理；

（3）环境卫生的管理；

（4）绿化管理；

（5）配合公安和消防部门做好住宅区内公共秩序维护工作；

（6）车辆秩序管理；

（7）公众代办性质的服务；

（8）物业档案资料的管理。

针对性服务是指物业管理企业面向广大居住人，为满足其中一些住户、群体和单位的一定需要而提供的各项服务工作，包括以下六项：

（1）日常生活类；

（2）商业服务类；

（3）文化、教育、卫生、体育类；

（4）金融服务类；

（5）经纪代理中介服务；

（6）社会福利类。

委托性服务物业管理企业在实施物业管理时，根据自身的能力和居住人的要求，确定具体服务项目与内容，采取灵活多样的经营机制和服务方式，以人为核心做好物业管理的各项管理与服务工作，并不断拓展其广度和深度。

物业管理基本原则有以下八项：

（1）权责分明原则。

在物业管理区域内，业主、业主大会、业主委员会、物业管理企业的权利与责任应当非常明确，物业管理企业各部门的权力与职责要分明。一个物业管理区域内的全体业主组成一个业主大会，业主委员会是业主大会的执行机构。物业的产权是物业管理权的基础，业主、业主大会或业主委员会是物业管理权的主体和核心。

（2）业主主导原则。

业主主导是指在物业管理活动中，以业主的需要为核心，将业主置于首要地位。强调业主主导，是现代物业管理与传统体制下房屋管理的根本区别。

（3）服务第一原则。

所做的每一项工作都是服务，物业管理必须坚持服务第一原则。

（4）统一管理原则。

一个物业管理区域只能成立一个业主大会，一个物业管理区域由一个物业管理企业实施物业管理。

（5）专业高效原则。

物业管理企业进行统一管理，并不等于所有的工作都必须由物业管理企业自己来承担，物业管理企业可以将物业管理区域内的专项服务委托给专业性服务企业，但不得将该区域内的全部物业管理一并委托给他人。

（6）收费合理原则。

物业管理的经费是搞好物业管理的物质基础。物业服务收费应当遵循合理、公平以及费用与服务水平相适应的原则，区别不同的物业性质和特点，由业主和物业管理企业按有关规定进行约定。收缴的费用要让业主和使用人能够接受并感到质价相符，物有所值。物业管理的专项维修资金要依法管理和使用，物业管理企业可以通过实行有偿服务和开展多种经营来增加收入。

（7）公平竞争原则。

物业管理是社会主义市场经济的产物，在市场经济中应当实行公开、公平、公正的竞争机制，在选聘物业管理企业时，应该坚持招标、投标制度。委托方发标，一般要有三个以上的物业管理企业投标，招标要公开，竞标要公正。

（8）依法行事原则。

物业管理遇到的问题十分复杂，所涉及的法律也非常广泛，在整个物业管理过程中时时刻刻离不开法律法规。依法签订的《物业服务合同》，是具有法律效力的规范文书，是物业管理的基本依据。

我国的物业管理正处在蓬勃发展的时期，越来越多的人将转向物业管理行业。未来城市公用设施的管理、环境的管理也可能交由物业管理企业进行管理，这将为物业管理提出了一个新的课题，未来物业管理将呈现以下六大发展趋势：

　　(1) 专业化发展趋势。

　　物业管理专业化是指由专业服务企业来完成物业管理的服务。主要表现在两个方面：一是规模较大的物业管理企业成立专业性的服务企业对本企业物业管理项目进行分类管理，同时对外承接物业项目；二是规模较小的物业管理企业将自己的物业管理项目以分包的方式委托给专业化企业进行管理。物业管理的专业化是市场经济的必然结果，其优点在于：一是克服一体化管理中机构庞杂、人员众多、管理成本高的弊端；二是有利于物业资源的优化配置，对整个物业管理行业的健康发展起到很大作用；三是能使物业管理企业为业主或用户提供更优质的服务，在激烈的市场竞争中处于优势地位，从而使物业管理企业获得较好的经济效益。

　　(2) 集团化发展趋势。

　　集团化是指物业管理企业通过多种方式形成具有市场竞争力的物业管理企业集团，这也是物业管理市场发展的要求。作为由政府定价或政府指导定价的微利型行业，物业管理的规模效益就显得尤为重要，这在客观上要求物业管理企业必须走规模化、集团化之路；而激烈的市场竞争必然会实现物业管理企业的优胜劣汰，从而使一部分物业管理企业发展壮大，使物业管理集团化趋势能够形成。另外，物业管理企业之间可以通过兼并、合作等方式，实现强强联合，从而形成物业管理集团化。

　　(3) 品牌化发展趋势。

　　物业管理品牌化是指物业管理行业走向以品牌为中心的发展之路。物业管理是社会化、专业化、企业化和经营型的管理，进行市场化管理，也就是通过市场对物业管理的资源进行优化配置，从而形成最佳的社会效益、环境效益和经济效益。实行物业管理市场化必定会引入市场竞争机制，通过激烈的市场竞争导致企业优胜劣汰，有雄厚实力和良好品牌的优胜企业，走上良性循环的发展道路。实力不强、品牌较差的企业会被淘汰，这些都会促使物业管理企业走向品牌化发展道路。物业管理的行业特征也决定物业管理走向品牌化发展道路。

（4）智能化发展趋势。

物业管理智能化是指物业管理企业借助智能化设施、设备对物业进行管理和服务的一种现代化管理手段，是未来物业管理发展的一大趋势。应该说，智能化管理对物业企业、房地产开发商、业主三方面都将产生吸引力。随着现代科技的发展，特别是信息科技的发展，人们对物业管理要求越来越高，房地产开发商在新建物业时，也会更多地考虑到物业的智能化，增加物业的智能化程度，进而提高物业管理的智能化程度。对于物业企业来说，实行智能化管理，能降低物业管理的人力成本，提高物业管理的服务质量，这会促使物业管理企业投资改造物业，增加物业的智能化程度，从而提高物业管理的智能化水平。在现代社会，无论是在工作中还是在生活中，人们对智能化程度的要求也越来越高，这种有效的、现实的社会需求，最终会推动物业管理智能化的发展。

（5）国际质量标准化管理发展趋势。

国际质量标准化管理是指物业管理企业在对物业进行管理的同时，遵守国际质量标准体系的有关要求。物业管理实践已经充分证明，引入国际质量管理标准体系，对物业管理进行规范化运作，对提高物业管理服务质量确实起到很大的作用，符合市场经济要求。随着物业管理市场竞争越来越激烈，物业管理品牌地位的重要性越来越凸显，将有众多的物业管理企业通过国际质量管理标准体系认证，并实行国际质量标准化管理。因此，国际质量标准化管理是物业管理的发展趋势。

（6）区域化方向发展趋势。

利用城市管理理论、系统论及可持续发展理论，对辖区物业实行综合管理。它是以市政社区规划为基础，以城市化的生产、生活为主体，条块结合，组合成若干适度区域，使之成为能全面推行物业管理的社区，随着社会的不断进步，城市功能划分越来越精细，"小政府""小社会"的发展趋势越来越明显。政府为简化办事程序，从具体事务中抽身出来制定宏观政策，必须将部分服务职能让社区和企业来承担。由此可见，区域化物业管理初见端倪，区域化物业管理最大的特点是辖区集中成片，具有一定的规模。服务的内容和对象比较广泛，配套齐全，软硬件建设思路明晰，有利于行业倡导以人为本，便于合理处理城区建设与可持续发展的关系，实现资源合理配置，并不断回报社会。

第二节　研究现状

一、行业的起源梳理

通行的观点认为物业管理是一个新兴行业。一般认为，物业管理在我国仅有四十年左右的发展历史，首先发端于沿海发达城市，逐步向内陆地区延伸，在国外，物业管理已经有一百多年的历史。

从国外物业管理的起源来看，近代意义的物业管理起源于19世纪60年代的英国。1908年，由美国芝加哥大楼的所有者和管理者乔治·A.霍尔特组织芝加哥建筑物管理人员组（Chicago Building Managers Organization，CBMO）召开了第一次全国性会议，宣告了全世界第一个专门的物业管理行业组织的诞生。从物业管理的起源来看，19世纪中叶到20世纪20年代，是我国房地产业出现并初步发展的时期。在这个时期，上海、天津、武汉、广州、哈尔滨等城市建立了许多八九层高的建筑，在上海，出现了28座10层以上的高层建筑。在当时的房地产市场上，已经出现了代理租赁、清洁卫生、保安服务等专业性的经营企业，而这些专业企业的管理方式正是我国物业管理的早期形式。由于我国物业管理行业起步晚，市场化程度较低，行业在发展的过程中出现过不少问题，在行业初创的很长一段时间里，物业管理企业服务水平良莠不齐，管理价质不符、违规、侵权的现象时有发生，投诉率居高不下。

二、物业管理进程梳理

20世纪80年代初，随着我国改革开放政策的实施，市场经济的产物之一——物业管理才由中国香港引入内地。

深圳是公认的我国物业管理的发源地，在我国物业管理的进程中，创造了无数个第一，深圳物业管理人是我国物业管理的先行人和推动者，时至今日，深圳的物业管理在国内仍然具有较高水准，其管理理念和实践经验仍然值得效仿和推广。

1981年3月10日，深圳市第一家涉外商品房管理的专业公司——深圳市物业管理公司正式成立，开始对深圳经济特区的涉外商品房实行统一的物业管理，这是我国国内物业管理迈出的第一步，标志着这一新兴行业的诞生。

1993 年 6 月 28 日，深圳成立了国内首家物业管理协会；1994 年深圳市人民代表大会常务委员会颁布了《深圳经济特区住宅区物业管理条例》。

1994 年 4 月，中华人民共和国建设部颁布了第 33 号令《城市新建住宅小区管理办法》，明确指出："住宅小区应当逐步推行社会化、专业化的管理模式，由物业管理公司统一实施专业化管理。"

2003 年 9 月 1 日，我国第一部物业管理法规——《物业管理条例》正式施行，对规范物业管理，维护业主和物业管理企业的合法权益，改善人民群众的生活和工作环境，提供了重要的法律依据。

"十二五"期间继续增加住房有效供应，抑制投资投机性需求，积极发展住房二级市场和租赁市场，继续加强房地产市场监测。

随着物业管理行业竞争的不断加剧，物业管理企业越来越需要把握瞬息万变的市场变化，国内优秀的物业管理企业更加重视对行业市场的研究，特别是对企业发展环境和客户需求趋势变化的深入研究。正因如此，一大批国内优秀的物业管理品牌企业迅速崛起，逐渐成为物业管理行业中的翘楚。

我国住宅市场规模在保障房制度的推进下将稳定增长，住宅物业的需求在楼市逐渐回暖的背景下将保持相对稳定，商业物业的增长势头较为明显。

高端物业服务包括对建筑、设备、设施的运行管理与维护保养，管辖区域的安全秩序管理、环境管理与环境保护，这些服务构成了产品所提供的核心价值。由于高端物业服务对象多为星级写字楼和高档住宅，受房地产行业波动影响相对较小。随着物业管理行业的专业化程度提升和我国对高端物业需求的上升，未来三年我国高端物业市场规模将保持较快增长。国家对商品房调控的政策对物业管理企业产生一定的影响。不少以住宅项目为主的房企也将增加商业地产的业务占比。预计未来几年住宅物业的份额仍将下滑，商用和工业物业的市场规模将保持较快的增速，市场份额继续扩大。

物业管理从产生初期的感性、无序，到迅速发展、狂热的中期，再到平稳和理性的后期，走过了风风雨雨的四十多年发展历程。我国的物业管理市场已经日渐成熟，物业管理法规更加完善，政府对物管行业的监管也日趋规范。经过不断的行业重组，物业管理企业实力增强，市场化行为更加理性和规范。物业管理的专业技术服务基本实现专业化、社会化。业主维权行为趋于理性，业主委员会的运行逐步规范并开始纳入政府监管范围。

2007年3月16日，第十届全国人民代表大会第五次会议通过《中华人民共和国物权法》（以下简称《物权法》），并于同年10月1日起正式施行。《物权法》是调整财产支配管理的法律，是对财产进行占有、使用、收益和处分的最基本准则，是中国制定民法典的重要组成部分，是完成构建中国特色社会主义法律体系的法制目标，《物权法》的颁布解决了中国物业管理行业内一系列长期悬而未决的问题，对我国物业管理行业未来的发展起到重要而深远的影响。

21世纪，是我国物业管理行业进入发展、完善和成熟的重要阶段，这个阶段将是一个竞争激烈、管理完善、服务理念提升的时期。对物业管理企业来说，质量理念和品牌理念要综合考虑市场环境的变化、竞争格局的形成、高新技术的应用、消费观念的更新，同时要求物业管理企业从服务观念到服务方式，从经营理念到市场定位，都要作出相应的变革，才能适应发展的需要。在我国，物业管理的发展主要基于以下四个方面的因素：

（1）住宅建设的迅猛发展，大量住宅社区的投入使用，要求除了对房屋进行维修外，还必须对附属物、设备、场地、环卫、绿化、道路、治安等进行专业化管理，以保持新建社区的完好，发挥其整体功能和综合效益。

（2）随着住房制度改革的逐步深化，原有的房管体制已不能适应新的要求，而物业管理克服了房改后形成的多个产权单位多头、多家管理，各自为政、扯皮推诿等旧管理体制的弊端。

（3）随着市场经济体制的逐步确立，政府对住宅环境、社区服务直接负责的办法，已经不能适应新形势的变化，由业主自治与物业公司专业化管理结合，由物业管理企业实施经营型管理和有偿服务，使管理得以以业养业，自我发展、良性循环的新体制日益显示出其优越性。

（4）人民群众生活水平的不断提高，对居住环境和社区服务更多的关注，物业管理的质量已经成为居民选购住房考虑的重要因素，物业管理的重要性被越来越多的人接受。

正是以上这些因素，决定了物业管理作为一个新兴的产业备受关注的程度。

三、物业管理行业标准化发展历程研究

（1）标准化发展初期。

20 世纪 80 年代，我国物业管理行业崛起，但规范化程度不高，工作流程不清。此时物业管理行业缺乏行业标准和规范化管理。

在这个阶段，中国物业服务行业标准化发展的主要特点如表 1-1 所示。

表 1-1　标准化发展初期的主要特点

管理需求	行业孵化期，填补物业管理标准空白 满足涉外商品房售后服务过程中出现的实际问题 物业公司规模小，在管项目数量少（在管项目少于 10 个），区位集中于特定区域内
技术发展特点	无现代化管理手段，纸质化管理，以手工记录、审批单据为准
标准化管理特点	大量借鉴香港物业管理企业做法和经验 标准化工作主要以明确物业服务现场标准及作业规范为主

资料来源：笔者根据标准化发展的各个阶段特点归纳总结。

（2）标准化发展进入快速发展期。

2000 年以后，由于我国市场经济的不断发展，物业服务行业快速崛起，物业管理标准化工作也进入了快速发展期。国务院、房地产行业协会、地方政府陆续出台一系列有关物业服务行业的法规和行业标准；行业逐渐呈现出规模化、集团化、网络化等特点，物业服务企业除了提供基本的设施管理，还开始为住户提供安全、清洁、绿化等配套服务，满足住户日益增长的多样性需求。

在这个阶段，我国物业服务行业标准化发展的主要特点如表 1-2 所示。

表 1-2　标准化快速发展期的主要特点

管理需求	物业服务公司管理体量扩大，出现跨区管理，现场风险管理及品质管理要求增加，企业自主推动标准化发展
技术发展特点	电话逐步普及，让原有的纸质化管理拥有一定的及时汇报和灵活处理的空间
标准化管理特点	规模化运营成为发展趋势 市场竞争趋于激烈 创新服务模式得到推广 标准化建设逐渐明显

资料来源：笔者根据标准化发展期特点归纳总结。

（3）开展基于 IT 的标准化发展。

随着信息技术不断发展和普及，物业管理行业开始越来越依赖于信息化技术手段，逐渐进入了基于 IT 的标准化发展时代。物业管理行业开始应用信息化技术，集成物业管理各环节的业务数据，以数据为中心进行决策和管理。通过信息化手段，物业企业可以更快更准确地了解业主群体的需求，做出关键性决策，以及更加精细化的管理。

物业管理行业将借助于互联网络等技术手段，实现物业企业内部各业务流程协同工作，同时利用信息化方式向业主提供更加高效的服务，并借助信息化技术，方便业主与物业管理企业进行交流与反馈。

在这个阶段，我国物业服务行业标准化发展的主要特点如表 1-3 所示。

表 1-3　基于 IT 的标准化发展的主要特点

管理需求	物业服务公司管理体量极大化，管理面积超百万平方米，业务覆盖多省份，员工人数过 1000 人
技术发展特点	计算机技术、互联网技术、移动互联技术日趋成熟
标准化管理特点	应用信息技术进行优化和管理各项流程 数据共享，降低人为误差，提高管理效益

资料来源：笔者根据 IT 的标准化发展特点归纳总结。

（4）标准化发展现阶段。

2021 年 10 月 10 日，中共中央、国务院印发《国家标准化发展纲要》（以下简称《纲要》），这是我国标准化领域第一个国家层面制定的发展纲要。《纲要》提出，从基础制造业、高端装备制造、服务业到绿色发展、城乡建设、对外开放，都将推进完善标准化建设。相比 2015 年末国务院办公厅印发的《国家标准化体系建设发展规划（2016—2020 年)》，《纲要》在服务业标准化中新增了住宅、物业行业的标准化，在社会领域新增智慧社区建设标准化等内容，当前房地产、物业行业标准化的重要性越来越突出，物业行业标准化意在规范行业中出现的乱象，提升物业服务水平。

物业行业发展的质量是由头部企业、腰部企业和尾部企业共同决定的。2022 年 11 月，国家市场监督管理总局等 18 部门发布的《关于印发进一步提高产品、工程和服务质量行动方案（2022—2025 年）的通知》指出，"提升物业服务质量，健全物业服务标准体系"。2022 年 10 月，中共北京市委、北京市人民政府发布的《首都标准化发展纲要 2035》指出，"完善物业服务相关标准，以标准化推动品牌化建设"。行业标准建设与更新的持续化、动态化，执行的精准化、彻底化，利在长久，更要久久为功。

在这个阶段，我国物业服务行业标准化发展的主要特点如表 1-4 所示。

表 1-4　标准化发展现阶段的主要特点

管理需求	服务质量水平要求提升，不再是简单的"四保一客服"，健全物业服务标准体系
技术发展特点	智能化管理、标准化、品牌化、"以人为本"
标准化管理特点	质量稳定、成本优化、效率提升、风险控制

资料来源：笔者根据标准化发展现阶段特点归纳总结。

（5）物业管理行业标准化的法律依据。

2015 年 3 月 11 日，国务院印发关于《深化标准化工作改革方案》的通知，要求各省、自治区、直辖市人民政府，国务院各部委、各直属机构认真贯彻执行《深化标准化工作改革方案》。我国关于物业管理行业标准化的法律依据主要包括各项标准、法律法规、地方政府规章以及其他政策性文件。

第三节　物业管理与物业服务融合研究

一、管理与服务的概念界定

近年来，我国社会经济不断发展，物业行业也高速发展。物业"管理"与"服务"属性的融合受到高度关注。当前，物业管理的主要任务是满足居民对美好居住空间不断增长的需求，同时确保业主的房产保值增值。而服务属性通过提高服务质量和满足业主的需求，在应对这些挑战方面发挥着关键作用。探讨物业管理属性与服务属性的融合机制，物业管理属性包括对物业的规划、维护和监管，而服务属性强调为客户提供高质量、个性化的服务体验。然而，在传统的物业管理模式中，这两个属性往往被割裂开来，导致管理效率和服务质量的下降。通过分析物业"管理"与"服务"属性及物业企业面临的问题，发现并验证了融合的可行性。物业管理属性与服务属性的融合要通过信息化系统、客户关系管理和员工培训等手段，才能实现物业"管理""服务"的有机结合，进而提升了管理效率和服务质量，为物业管理企业在竞争激烈的市场中获得竞争优势。考虑到不同类型物业和不同规模企业的应用情况，需要进一步完善和推广融合策略。

物业服务是重要的民生行业，是落实城市三分建七分管的重要领域，扩大内需战略规划纲要也提出要增强社区服务功能，引导多方社会力量参与社区服务供给，持续提升社区服务质量，物业管理行业把握历史机遇，主动担当作为，不断地增强群众的获得感、幸福感、安全感，为中国式现代化发挥更大的作用。物业管理制度是住房制度改革的配套制度，四十多年来取得了长足的发展。当前，物业管理行业也到了再定位的发展阶段，物业管理行业需要转型升级，以适应新形势的要求。考虑到未来物业管理行业进一步转型升级，首先要清楚它的定位，或者说物业行业的属性问题。对于这个问题，"管理"与"服务"是物业行业的两大重要属性，所以从物业行业"管理"与"服务"双重属性融合的角度讨论物业行业的发展紧迫且必要。

在现代社会中，物业管理和服务行业发挥着越来越重要的作用。当前，国外已经进行了大量的物业管理属性和服务属性融合机制研究。以下是一些国内外的研究现状：

美国物业管理协会提倡"服务优先"的理念，旨在将物业管理与服务管理融合起来，提高服务质量和效率。国外物业管理企业普遍采用信息化技术，实现服务管理的数字化和智能化。

加拿大的物业管理公司也注重将物业管理和服务管理融合起来，以提高服务质量和效率。加拿大的一些物业管理公司采用"业主服务中心"的模式，将服务管理置于物业管理的核心位置。

欧洲的一些国家和地区，如英国、法国、德国等，也在推进物业管理和服务管理的融合。欧洲的一些物业管理公司通过提供综合服务解决方案，将物业管理和服务管理融合起来，以提高服务质量和效率。2012 年，Chiang 和 Tsai 发表的文章 *Integrating property management and service management in commercial properties：A conceptual framework*，分析了物业管理和服务管理的融合机制。研究发现，在物业管理和服务管理的融合中，关键的因素是服务质量和客户满意度。2020 年，Li 等在 *Journal of Cleaner Production* 发表了 *Integrating property management and service management in commercial properties*，该研究从服务质量和客户满意度的角度，分析了物业管理和服务管理的融合机制。将服务质量和客户满意度作为物业管理和服务管理的核心目标，可以提高服务质量和客户满意度。2009 年，Barrett 等在 *Facilities* 上发表了 *The integration of property and facility management：A review of current developments*，该研究分析了物业管理和设施管理的融合机制。将物业管理和设施管理融合起来，可以提高建筑物的能源效率和维护效率。

随着城市化进程的不断推进和住房消费升级的加速，物业行业在我国发展迅速。在物业服务质量不断提高的同时，物业行业也存在着管理和服务属性融合不足的问题。针对这个问题，探索物业行业"管理"与"服务"属性融合机制，以提高物业行业的综合竞争力。物业服务质量的提高需要有一个有效的物业管理机制，而物业管理机制又需要充分发挥物业服务的优势，以实现两者之间的良性互动和融合。在制定物业管理机制的同时，应考虑到物业服务质量的影响因素，并将其纳入物业管理的整体考虑中。从社区治理的角度入手，探讨如何通过社区治理促进物业行业"管理"与"服务"属性的融合。物业行业在社区治理中充分发挥其管理和服务的优势,与社区居民建立良好的沟通机制,共同维护社区的稳定和有序。建立社区居民委员会和物业服务企业的协商机制,制定出一系列的物业服务标准和管理措施,以提高物业行业的服务水平和管理效率。

物业企业在实现"管理"与"服务"属性融合的过程中,根据不同社区的特点和需求,制定出相应的管理和服务方案,并且不断进行改进和创新,以适应市场的变化和社区居民的需求。物业企业应该加强对物业服务质量的监管和评估,建立起完善的物业服务质量反馈机制,并且充分发挥物业服务的作用。

二、物业管理属性

组织属性。物业管理涉及对社区文化活动管理。帮助业主、住户、业委会、文化机构组织社区内的文化活动,增进业主之间的交流和沟通,提高业主对社区的归属感和满意度。

运营属性。物业管理需要有效地运营和管理物业,包括设施设备的维护和保养、安全管理、物业费用的收缴和管理等。运营属性关注物业的日常运作和维护。

监管属性。物业管理需要进行监管和监督,确保物业按照法律法规和规章制度进行运营。监管属性涉及监控合规性、协调业主关系、解决纠纷等。

财务属性。物业管理需要进行财务管理,包括预算编制、财务报表的编制和分析、费用支出的控制等。财务属性关注物业经济效益和财务健康。

沟通属性。物业管理需要与业主、住户和相关者进行沟通和协调,包括收集反馈意见、解答问题、组织居民参与等。沟通属性强调与利益相关者的有效沟通和关系管理。

公益性属性。物业管理涉及社区居民的生活,因此,物业管理公司需要注重公益事业的推进,提高社区居民的生活品质。物业管理作为一种服务行业,其服务属性、公共服务属性、经营属性、专业性属性和公益性属性对其业务运作和服务质量有着深远的影响。

将管理属性的工作内容、工作对象和工作职责进行归纳总结如表1-5所示。

表1-5　具有管理属性的工作

工作内容	工作对象	工作职责
社区安全管理	业主、住户、物业公司、保安公司、警务人员	确保社区的安全，监控社区内外的安全状况，及时采取相应措施处理突发事件
社区环境卫生管理	业主、住户、物业公司、保洁公司、环卫公司	确保社区环境的卫生，及时清理垃圾，打扫公共区域，维护社区内外的环境卫生
社区设施维护管理	业主、住户、物业公司、维修公司、供应商	维护社区内的设施设备，包括照明、电梯、给排水等设施的维护和保养，及时处理设施设备故障
社区物业费管理	业主、住户、物业公司、财务人员	管理社区物业费用的收支，及时向业主公示收支情况，保障物业费用使用的透明度和合理性
社区文化活动组织	业主、住户、物业公司、业委会、文化机构	组织社区内的文化活动，增进业主之间的交流和沟通，提高业主对社区的归属感和满意度
社区规划设计	业主、住户、物业公司、规划设计公司	对社区的规划设计进行研究和改进，提高社区的功能性和美观度
社区人员管理	业主、住户、物业公司、员工	管理社区内的工作人员，包括招聘、培训、考核等，确保工作人员的素质和工作效率
社区业主委员会管理	业主、住户、物业公司、业主委员会	管理社区业主委员会，包括选举、决策、执行等方面的工作，保障业主委员会的合法权益和作用
社区投诉管理	业主、住户、物业公司、投诉处理部门	处理社区内的投诉和纠纷，及时采取相应措施，维护社区内的稳定与和谐
社区客服管理	业主、住户、物业公司、客服部门	管理社区客服部门，包括接听业主投诉、咨询和建议，及时回应和解决业主问题，提高业主满意度和信任度
社区安保管理	业主、住户、物业公司、保安公司	管理社区内的保安工作，包括制订安保计划、组织巡逻、维护秩序等，保障社区内的安全和秩序
社区法律事务管理	业主、住户、物业公司、法律服务机构	处理社区内的法律事务，包括合同签订、法律纠纷处理等，维护社区内的合法权益和利益
社区信息管理	业主、住户、物业公司、信息管理部门	管理社区内的信息，包括物业管理信息、业主信息、活动信息等，提高信息管理效率和精准度
社区公共事务管理	业主、住户、物业公司、政府部门	协调社区内的公共事务，包括垃圾清理、道路维修、停车管理等，维护社区内的公共利益和正常运行
社区能源管理	业主、住户、物业公司、能源管理部门	管理社区内的能源使用，包括供水、供电、供气等，控制能源消耗，提高能源利用效率

资料来源：笔者归纳管理。

三、物业管理的"服务属性"梳理

（1）物业管理行业服务属性。

服务属性同样也是物业管理行业中最基本的属性之一，物业企业的本质是通过对物业相关设施的管理、维护、运行为业主提供优质服务，提高自身的服务水平是物业企业提高市场竞争力的主要手段之一。因此，物业管理行业的服务属性在物业行业的发展中就显得十分重要。物业管理行业服务属性有以下几点：

非标准性：物业服务的内容和形式因不同地区、不同业主需求、不同物业类型等因素而异，具有一定的非标准性。

地域性：物业服务的服务范围和服务对象往往是限定在一定的地域范围内，比如社区、商业物业等，因此具有较强的地域性。

周期性：物业服务具有一定的周期性，如日常维护保养、定期检查、季节性维护等，需要定期进行。

公共性：物业服务通常涉及一定的公共设施和公共服务，如绿化带、垃圾处理、安保等，这些服务对整个社区或物业具有重要意义。

多元化：物业服务种类繁多，如保洁、维修、安保、物业顾问等，同时涉及不同的业主、不同的人员，因此具有多元化的特点。

专业性：物业服务需要具备一定的专业知识和技能，如维修技能、物业管理知识等，因此需要具备一定的专业性。

纵向性：物业服务涉及物业管理公司、物业管理员、业主等不同层级的关系，因此具有一定的纵向性。

（2）服务属性物业活动。

物业接待服务：为业主和访客提供前台接待服务，包括咨询、指引、接待等，以提升业主和访客的满意度。

物业清洁服务：提供公共区域的清洁服务，如走廊、电梯、楼道、花园等，以保持物业环境整洁、卫生。

物业维修服务：提供物业内的维修服务，如水电维修、门窗维修、设备维修等，以维护物业设施的正常运行。

物业公共秩序维护服务：提供公共秩序维护服务，如门卫、巡逻、监控等，以维护物业的安全。

物业绿化服务：提供物业绿化服务，如花园修剪、绿地保养、植物养护等，以美化物业环境。

物业代收服务：代为收取物业费、水电费等费用，方便业主缴费。

第二章　社区物业管理的困境及路径研究

第一节　社区的研究现状

一、社区的发展梳理

社区是社会稳定发展的重要基础，但也是基层社会管理的重点和难点，在城乡社区管理中，物业服务是一个不可缺少的组成部分，这对于提高城市居民的生活品质，推动社区建设和国家经济社会的协调发展，都有着十分重要的作用。社区管理是指政府、社区组织、居民及辖区单位、营利组织、非营利组织等基于市场原则、公共利益和社区认同，协调合作，有效供给社区公共物品，满足社区需求，优化社区秩序的过程与机制。另外，社区管理是管理理论在社区领域的实际运用，它是指对社区范围内公共事务所进行的管理。

物业服务企业同样在社区中扮演着至关重要的角色，居民也深刻认识到物业服务在社区建设中的重要作用，并积极地推动物业服务企业的发展，使其更好地发挥作用。物业服务是一种以市场为导向的管理方式，它突破了以往在计划经济条件下，物业服务机构所追求的行政化、社会化和封闭式的管理方式。社区是解决社会矛盾的重要平台，而物业服务企业则是实现社区管理、为社区居民提供公共服务的重要平台与基础。物业服务企业的参与可以借助其自身的优势及力量，创新我国的社区服务模式，完善我国社区服务体系。

1933 年，费孝通在翻译外文著作时最早提出了社区概念，并根据我国当时的情况进行了解释。社区指的是多个社会群体在某一地区内形成的相互联系的大团体。针对社区主体，很多学者对此进行了研究并得出以下结论：日本基于地域中心的大城市社区管理模式，探讨了日本社区管理模式的新发展，以美国、新加坡和日本为例比较分析了自治型模式、政府主导型模式和混合型模式的差异，提出应该借鉴国外管理模式。根据社区的特点设计适合我国城市社区的管理模式，而不能简单照搬国外的管理模式。开放空间会议是一套社会管理的技术体系，也是一套社会管理的系统机制，它能够发挥众多公共功能，引导人们参与社区管理，培育公民意识和公民责任，培养公民协商民主精神，构建公民社区。在公共管理理论的基础上，对和谐社区建设视域下的物业管理模式进行深入研究与探讨，尝试提出"2+X"和谐社区物业管理模式。

政府可以提供必要的政策支持和服务保障，通过建立社区聚集点、居民议事会等组织形式，发挥组织协调和统筹资源的主导作用。社区居民则可以发挥积极性和创造力，参与问题讨论和解决，在日常生活中行使管理和监督职责，从而增强自我管理和自治能力。其他利益相关者，如商家和物业服务企业则可以为社区提供更好的服务和支持，同时也能得到更多的回报。总之，物业管理与社区管理理念相结合，能够为构建和谐、和美、文明、绿色的社区做出重要贡献。

二、国内外研究现状

闫晓薇（2022）通过问卷调查法、个案访谈法和参与观察法的研究方法，运用社区协同管理理论、国家与社会关系理论，从物业公司参与城市社区管理出发，探索物业服务企业参与社区实践的方式，提出物业公司在参与社区管理中既要改善社区物业服务的优化路径，也要拓展社区物业企业参与路径。戴菁瑜（2021）运用文献资料与实地调查的方式，对物业服务与社区管理的融合进行了探讨，并对其存在的问题与原因进行了分析，以多中心管理理论、公共产品理论和有限政府理论为基础，结合国内外物业管理和社区管理研究成果，为改进和完善物业服务提供补救措施和建议，探索物业服务企业参与社区管理的新途径，进一步激发物业服务在社区管理中的潜力，改善公共服务。郑娴（2022）认为，应从多个层面解决社区管理中的问题，各方应团结合作，构建社区管理新格局。孙明爽（2022）基于管理理论、服务型政府理论和网络治理理论，结合大数据时代社区现状，归纳出智慧社区管理中理念欠缺、社区多元主体权责边界不清、数字赋能社区管理效能低下及社区数字专业技术人才紧缺等主要问题，并分析了上述问题产生的原因，根据问题提出了相应的对策建议。郑禹晞（2022）在探索西安市社区管理模式的新思路时，发现需要深入分析当前的管理现状，并结合社区管理模式的特点，充分发挥特色化管理模式的优势，从而提出一些新时期社区管理模式的建议。分析现阶段城市社区管理多方主体的关系，提出城市社区管理的最优模型。

Fu（2020）通过分析社区治安管理精细化现状以及成效，发现社区治安管理精细化存在的主要问题，积极创新发展社区治安管理新局面，进一步推动了城市社区治安管理系统的多样化发展以及进一步丰富社区治安精细化管理模式内容。Read 和 Carswell（2018）提出物业服务作为一项增值服务，为人们提供了一种高效的资产管理方式。通过提供多元化的物业服务和个性化的管理方案，提升物业服务品质，满足居民多元化的需求。Jessop（1998）认为，管理理论的核心在于促进各参与管理的主体之间的交流与互动，必须通过不断沟通、持续协商和协同努力，以实现最大化的利益，让居民共同参与社区管理，从而形成良好的社会风貌。

综上所述，整合国内外学者研究来看，国内外学者大多是对于物业服务企业参与社区管理过程中面临的困境进行分析，提出了物业服务企业参与社区管理的相关建议。物业服务企业的发展要适应市场需求，打造多元的物业服务项目。

三、大数据背景下城市社区治理研究

2023 年 2 月 27 日，中共中央、国务院印发了《数字中国建设整体布局规划》，指出"建设数字中国是数字时代推进中国式现代化的重要引擎，是构筑国家竞争新优势的有力支撑"。以大数据赋能城市社区治理高质量发展，满足群众生活需要变得越来越重要，作为经济新形态，数字经济已成为高质量发展的新引擎。在大数据普及应用方面，城市社区治理理应走在前列。

1. 国内外相关研究动态

城市社区治理作为经济社会发展战略中的重要组成部分，是衡量一个省经济发展水平的重要标志，现如今海量的数据信息改变了人们的生活行为方式，使社会格局呈现网格化、扁平化，随着数据转变成一种有价值的资源，大数据概念应运而生，并被运用到诸多领域，大数据的价值将对城市社区治理效能产生革命性的影响，这也对城市社区治理提出了更高的要求。随着数字城市、智慧城市的开展，城市社区治理也初步走上了朝着智慧化发展的快车道，大数据在城市社区治理中得到了广泛应用，但是，目前统一的数据收集、存储、处理平台尚未构建成熟，数据共享共用机制尚未确立，应用开发还不够深入，这些问题仍然制约着大数据在城市社区治理中的深入应用。

2012 年 1 月，在达沃斯世界经济论坛上，探讨了个人产生的移动数据与其他

数据的融合与利用。2012 年 4 月，欧洲信息学与数学研究协会出版了名为"大数据"的刊物，讨论了在数据密集型方面的研究进展。2013 年 5 月，联合国发布报告，讨论了大数据为发展中国家带来的各种机遇与挑战。2015 年，美国国家标准与技术研究院（National Institute of Standards and Technology，NIST）对多种大数据解决方案的体系架构共性问题进行了研究，提出了符合逻辑角色和商业应用的大数据参考架构。在国内，2012 年 6 月，在中国计算机学会举办的论坛上开展了针对大数据的技术、理论、应用等问题的深刻讨论。在概念界定方面，王祥（2023）、陈石英（2020）研究了大数据的概念和特征，介绍了大数据的重要价值，以及在信息安全方面的挑战，并就保障我国大数据信息安全提出了建议。杜娟等（2023）对大数据时代的管理变革进行了研究，通过分析大数据的兴起历史与概念，阐明企业在发展过程中必须注重管理模式的变革。

从内容来看，城市社区治理涵盖范围广，除了物业管理，还涉及社区文化管理、社区卫生与体育管理、社区社会保障等方面，面对的人群也更加趋向高素质人群，对城市社区治理人员的综合素养提出了更高的要求，在基础设施不断完善、智能化设备不断更新与应用的基础上，更注重塑造良好的社区治理形象。由于不同城市经济社会水平发展不同，在城市社区治理上也会有所差异。金筱霖等（2023）研究了城市社区治理的特征，指出城市社区治理在内容上整合上下资源，实现智能管家系统，并就城市社区治理提出了建设性建议。陈曦（2023）对城市社区治理面临的问题做了深入研究，提出了城市社区治理各主体间要实现信息数字化连接、汇集数据平台，实现信息交融，为进一步研究城市社区治理提供了借鉴思路。因此，使用大数据提升城市社区治理效能是时代与发展的双重要求，探讨一种符合大数据特征、管理方式和服务方式，提升城市社区治理效能的实践路径变得紧迫而重要。

随着传统社会转向数字社会，传统城市转向智慧城市，基于大数据引发的管理技术发生改变，成为影响城市社区发展的一项重要因素，也为城市社区治理提出了新的挑战。紧扣大数据与城市社区治理的基本属性，借助大数据理论挖掘提升城市社区治理效能的价值，拓展城市社区治理研究的理论视角。构建城市社区治理体系，评价城市社区治理水平，探究区域差异，为城市社区治理提供理论指导。

立足当前城市社区治理效能提升的实践难点提出协调对策，检验理论分析的适用性，深入挖掘城市社区治理区域不均衡的深层次原因，提升城市社区治理的科学性。有助于制定符合城市社区治理效能提升路径，增强城市社区治理的实践参考性。在大数据背景下城市社区治理存在的问题，要借助大数据研究提升城市社区治理效能路径，利用大数据挖掘居民的潜在需求，整合社区资源，在满足居民多样性需求的同时，拓宽社区企业的盈利渠道。此外，依托大数据建立纵向横向分析模型，通过数据分析与推演，有效协助社区居委会提升服务品质，满足居民的需求，同时也为行政主管部门科学制定政策提供数据支撑。

城市社区治理具有政策引导性、主体多元化、网络化三个特点，提升城市社区治理效能是社会选择。随着城镇化进程的加快和大数据的广泛应用，提升城市社区治理效能逐渐成为居民关注的民生问题。城市社区治理是城市治理的重要组成部分，良好的城市社区治理能够拓宽社区企业盈利渠道，使居民生活变得更加便捷，进而推动社会财富的增长。提升城市社区治理效能对提高国民素质和生活质量、加强精神文明建设等具有重要作用。

2. 大数据提升城市社区治理效能面临的困境及原因分析

通过文献梳理、实地调研阐述大数据背景下城市社区治理存在的一系列问题：一是数据平台数量多、重复建设、缺乏互联互通；二是老旧社区数字化硬件设施建设较为薄弱，大数据无法推广应用；三是同时具备大数据、城市社区治理能力的复合型人才紧缺。针对存在的问题，通过文献分析研究法、问卷调查法、案例研究法等方法分析问题产生的原因：一是部门分工不同、业务范围不同导致数据平台缺乏互联互通；二是老旧社区内部数字化改造所需资金紧张，数字化硬件设施建设较为薄弱；三是大数据、城市社区治理隶属于两个不同的学科，文理兼容的高素质人才紧缺。

3. 大数据提升城市社区治理效能路径

（1）建立政府主导的城市社区治理统一综合数据平台。政府应搭建城市社区治理统一综合数据平台，按照社区功能分为若干模块，包含社区文化管理、社区卫生与体育管理、社区社会保障等模块数据，并向社会公众公开。平台构建分为网格划分、数据库设计、数据收集方式三个环节。按照一定的策略和规则将行政区域划分为若干个网格单元，每个网格单元配备固定调查员，网格调查员负责落实城市社区基础数据的收集和上报。将所有的基础数据存放在统一的综合数据平台中，并实现统计数据空间化、可视化和公开化。

（2）积极对老旧社区内部进行数字化改造。多渠道筹措资金，积极引入社会资本，采用 PPP 模式推进老旧社区内部数字化改造。借助大数据深耕社区服务，将智能化、信息化设备应用到社区服务的各场景。

（3）加强人才队伍建设。培养优秀人才，增加人才储备，为城市社区治理提供专业的人才保障。加强对城市社区治理人员的培训同时，为高校毕业生提供到基层实习锻炼的机会，用实践检验所学的理论，积极鼓励大学生到基层就业，深入基层锻炼提升自身专业能力，为城市社区治理注入新鲜血液。

搭建城市社区治理统一综合数据平台并向社会公众公开，实现统计数据空间化、可视化和公开化，提升城市社区治理效能。社区工作人员利用大数据平台，推进社区治理数字化，实现城市社区治理成本控制。此外，通过大数据平台对社区进行管控，实现高效便捷的社区服务，取得良好的经济效益和社会效益。城市社区治理是城市治理的缩影，大数据在社区治理中发挥着重要作用。通过大数据实现社区资源整合，实现社区治理数字化，让数据为科学决策提供支撑。大数据的利用使社区内各种便民惠民服务日益智慧化，也为居民创造了高品质的社区生活，顺应经济社会发展趋势，更加满足家庭和社会的需要。

四、物业服务企业参与社区管理的现状

从国家层面上来看，当前社区管理是政府主导、多元主体参与的管理模式。在新时代的社区管理中，突出以服务居民为核心。城市基层社区管理面临着新形势、新任务和新挑战。在当前阶段，社区管理强调积极发挥广大群众的主体作用，推进社区管理创新。

从社会层面上来看，物业服务企业是社区不可或缺的主体之一，其在社会层面上的作用日益凸显。对提升社区居民幸福感有很大作用。政府支持社区中新兴的社会组织的发展，社区群众在参与社区管理中，也极大地提升了社区居民的获得感和归属感。

五、物业服务企业参与社区管理的 SWOT 分析

（1）优势分析。

物业服务企业基于多年服务经验，在参与城市公共服务，尤其是精细化管理方面，相较于其他行业拥有得天独厚的优势。物业服务企业服务社区，贴近群众，具有天然的优势。物业服务企业具有一定的专业技术和资源优势，拥有专业的人才队伍，可以为社区建设提供人才支持。社区是政府加强城市管理的重要抓手。目前，我国的物业服务行业正处于良好的发展阶段，国家制定了一系列的政策支持物业服务企业的发展。物业行业是我国国民经济发展的重要支柱之一。物业服务与居民的生活息息相关，其专业价值得到了充分证明，并且广受大众好评。同时，物业服务企业在社区管理参与过程中，也拉近了与业主之间的距离。

（2）劣势分析。

在物业服务行业迅速发展，其经营领域日益扩展的同时，其所存在的一些深层次问题与矛盾也逐步暴露，出现了业主委员会权责不明、社区行政责任与物业服务责任划分不清等问题，影响着物业服务企业的发展，影响着物业服务内涵式发展。在物业服务企业的日常经营中，面临着人力成本、营销成本和运行成本三个方面高昂的开支，同时也存在着利润较低的问题，这些问题已经成为现代社区中普遍面临的挑战，对物业企业的日常经营产生了重大影响。

（3）机会分析。

人们日常生活已经离不开物业服务，提高物业服务质量和水平也是构建和谐社会的重要组成部分，政府相关部门将持续加强对其关注，并不断完善相关法律法规，从而为物业服务企业的健康发展提供良好的政策环境和法律环境。随着人民生活水平不断提升，城市化进程也将持续推进，这也使物业服务行业得到了前所未有的发展机遇，物业市场的规模将不断扩大，同时，随着社会的发展，人民的素质不断提升，各方面对服务企业工作的认可程度也会不断提升，对服务企业的评价也会越来越公平、公正、合理化，这些都会给物业的发展带来更多的机遇。随着科学技术的进步和互联网技术的使用，智能科技水平将进一步提高。设施设备与互联网技术的有效结合，将显著提升物业服务公司的服务质量和管理水平。

（4）威胁分析。

物业服务企业积极参与社区管理是改善人居环境、丰富服务内涵、提高满意度的契机，部分政策和法律的不健全，给物业企业的经营带来了很高的风险。例如，伴随国家经济和社会的不断发展，以提高人民的生活水平，刺激内需，国家的最低工资标准指导价不断提高。由于缺乏相应的政策，物业服务费标准往往不能随着政府最低工资标准的提高而相应上调，这种情况对物业企业的生存和发展构成了巨大的威胁。同时，物业服务企业和业主委员会之间的信任危机仍未完全解除，这些问题也会影响物业服务企业参与社区管理的能力。

第二节　老旧社区物业管理研究

一、老旧社区的现状梳理

社区管理的重要性不言自明，随着我国社会人口流动性的增强和城市人口的快速增长，想要进一步加强社区服务和管理，就迫切需要一套更完善的社区管理模式。纵览全国，老旧社区的综合治理面临两大难题：一是市场化的管理和运营成本高、居民收入低、物业费收缴难等因素导致物业企业不愿接管老旧社区；二是一些老旧社区房屋年久失修，环境脏、乱、差，停车乱、消防存在隐患等问题突出，这也成为物业服务企业顾虑所在。部分老旧社区没有业主委员会，甚至没有物业管理，老旧社区物业管理一直是社区物业管理的重点难点所在。

以山东省为例，山东省住房城乡建设厅等五部门公布 2023 年全省城镇老旧社区改造计划。其中，潍坊计划改造的社区数将超过 300 个。2023 年全省计划改造老旧社区 3898 个，涉及居民 69.95 万户、楼栋 20712 栋，改造面积 6243.57 万平方米。16 市中，计划改造社区数量最多的是济南，另外，青岛、潍坊、泰安、临沂、烟台、济宁计划改造的社区数都超过 300 个。

作为基层社会治理的“毛细血管”，物业管理的作用必不可少。而老旧社区的管理问题历来是城市治理中的一个挑战。

老旧社区改造是促进城市更新、实现既有建筑可持续发展的重要途径。美国是老旧社区改造实践较早的国家之一，1993 年，美国老旧社区改造市场的规模相当于新建住宅的 75%，其改造更多强调对环境、文脉和历史的尊重，老旧社区基础设施薄弱，导致问题发生日益严重，随着时间的推移更加剧了居民群众的不安全感，老旧社区改造主要是提高城市的品质，推动公共区域的再利用。既有建筑改造的重点在于对大量空置但质量较好的住宅及公共建筑植入创新性的元素，以提高街区和城市的活力，逐渐唤回人们对于城市未来的信心。老旧社区物业管理一直以来是重要的民生问题，也是目前物业管理的重要领域。

二、关于老旧社区物业管理国内外研究现状

于潇和邓郴春（2006）指出，老旧社区比新建造社区更加需要物业管理，只有依靠物业服务企业的妥善管理，老旧社区的种种问题和矛盾才能逐步解决。李雅锋和张洪兴（2010）指出，老旧社区由于硬件设施存在严重不足、居民住宅观念陈旧、产权形式多样等问题，严重阻碍了社区内物业管理的推广，致使物业管理两极分化。有学者指出，老旧社区推行物业管理以"和谐"为前提的旧居住社区更新转型原则，以整体拆除、用地调整、内部整治为主的三大更新模式。谢平等（2013）指出，老旧社区物业管理有"四难"，分别为政府补贴制度缺失，长效运行难；物业服务标准无，物业服务人员少，收入低，服务范围广，提升服务难；物业管理收费率、收费标准双低，物业运营难；社区基础条件差，物防基础差，物业管理硬件设施薄弱，引进专业化物业管理企业难。何福平等（2016）指出，在老旧社区推行物业管理中，要通过政府主导实施、科学民主推进、规范组织实施等科学地实施改造，通过健全管理制度、建立管理机构来落实物业服务；还要通过政策引导奖补、基层自治组织构建物业管理长效机制。姚颖超（2020）指出了老旧社区存在的各种问题，并分析问题产生的原因，提出了具体对策。李朗（2022）深入探讨城市老旧社区物业管理的特点和问题，结合北京市老旧社区物业管理解决案例的经验进行分析，提出解决对策，并指出构建老旧社区有序管理新模式，为城市老旧社区更新改造的方向和目标提供有效参考。

国外的老旧社区改造总体可以分成两个阶段：20世纪60年代之前，以拆除大型的年老或构造简单的住宅为主，改造方式大多为拆旧建新式的开发；70年代以后，以改造、维修和养护老旧住宅区为主，改造方式大多为整治式更新和维护式开发。具体措施以保护为主，小规模的修缮，重点在邻里的重建和老旧社区更新。由于不同国家的体制规定和面临的社会问题有所不同，政府采用的政策方法手段和进行改造的方式也各有其特点。德国对于老旧住宅更新改造的政策方法主要是在完善的法律法规体系和政府协助方面。荷兰主要通过制定和实行社会住房政策，政策方法大部分集中在社会手段与经济手段两方面。法国主要通过颁布"社会团结法"、推行"城市政策"为抓手，以地方政府为实施主体，制定相对应的政策法律法规和利用当地政府力量调动民间更新改造的主动性，以推动城市

的老旧社区改造。北欧国家注重城市更新过程中的社会效益，在落实可持续发展理念的同时，对保护古城和传统街区也做了大量探索。Melnikas（2005）分析了社会、经济和政治转型背景下城市发展和物业管理面临的问题，转型条件下的物业管理领域作为城市发展的主要研究对象，谋求城市发展和物业管理发展相适应的新路径。Meng（2017）指出随着中国城镇化进程的不断推进，由于城市发展的阶段和条件不同、城市规模不同，出现了各种问题，并系统阐述了多元主体参与在老旧社区更新改造中的作用。

三、老旧社区物业管理面临的困境分析

（1）老旧社区设施不健全。

老旧社区因建设时期过长，各种设施老旧且不齐全，需要改造的地方有很多，通常要对老旧社区的道路、车位、照明等配套服务设施进行全面的修缮或维护，是一个大型系统工程，这个改造过程就涉及街道、城建、房管等多个行政职能部门，需要各职能部门充分协调，互相配合。

（2）管理乱，管理难，多因素使"里子"难改。

一是公共维修资金缺口大，致使社区维护成难题。二是物业企业盈利少、收费难，服务打折扣。三是改造实施中缺乏有效的沟通机制，居民诉求未得到足够重视。四是社区长效管理力度不足，老旧社区因历史原因导致社区长效管理力度不足，居民参与、组织成立、综合管理老旧社区都需要投入大量的时间和精力。

（3）居民意见不统一。

一是错综复杂的房屋产权结构导致物业服务费收缴率偏低。随着城市的发展，一些老社区设施陈旧、配套不齐的弊端开始暴露，"先天不足"的居住环境严重损害了社区的形象，直接影响群众的生活品质。二是居民参与积极性不高。业主委员会和居民自治委员会都是为社区工作，在社区的管理和自治过程中，都需要投入一定的时间和精力，也有一些居民选择不参与或不表态。部分参与社区管理的居民往往由于各种矛盾而放弃，这无疑降低了居民参与的积极性，而居民参与程度不高，最终使社区管理难以取得成效。

（4）物业管理参与老旧社区管理的政策不健全。

一是由于老旧社区多为老年人居住，社区居民大多存在无偿服务的意识，大

多数居民不自愿交物业服务费，加上社区设施设备不完善等综合原因导致很多物业服务企业接管老旧社区的积极性不高。二是物业服务企业在工作过程中居民不配合，在没有政策扶持的情况，社区管理工作受到不同程度的阻力。

（5）老旧社区没有"保障金"。

在老旧社区租房居住的居民的数量较多，这导致了社区内人际交往频率低、交往层次浅、信息流通不顺畅、感情交流不足、价值认同缺失等问题导致社区管理难度大。新建社区设施设备完善，同时由开发商提供一定比例的物业服务用房。相比之下，老旧社区设施设备不完善的同时既没有物业前期用房，也没有前期费用支持。

四、老旧社区物业管理水平提升路径研究

老旧社区由于管理不到位或当时技术不成熟等原因导致此类社区设施设备、环境等问题严重，城市更新进程中提升老旧社区物业管理水平对全面推进社会主义现代化建设有着重要意义。老旧社区治理是推动社区高质量发展的必然举措，也是重要的民生工程，有利于构建新发展格局。

（1）健全老旧社区设施。

老旧社区设施不健全最主要的问题是建设时间长，社区缺乏治理。城市治理最小单元是居民社区，而对居民社区提供服务最直接的主体是物业服务企业，业委会是物业服务企业和业主之间的桥梁和纽带，好的自治组织有利于提升社区治理效能，解决老旧社区设施不健全这一问题。同时，通过完善老旧社区设施设备，有利于在社区举办内各种娱乐活动，促进社区居民睦邻友好。

（2）组建志愿者服务队，加强社区管理。

一是组建社区志愿者队伍，为社区业主和居民提供志愿服务，在社区工作的过程中不断收集居民的意见和建议，并且鼓励居民参与老旧社区改造项目方案制定等。二是在社区内举办丰富多样的社区活动，促进居民的融洽相处，有利于提高志愿者工作的积极性。

（3）提高居民对社区治理的认识程度。

解决居民意见不统一的问题，一是搭建高效实用的居民沟通议事平台，探索建立居民"点菜式"改造服务。二是推动社会资金参与老旧社区治理项目，探

索建立长效运营机制。三是共同制定整治方案，也要考虑资金的承受能力，在解决历史遗留问题上需要政府的扶持和帮助，制定老旧社区物业管理的相关政策并且解决前期配套资金问题，降低管理的成本。四是加强人才的培养，组织物业管理人员学习相关管理知识，提高社区的管理水平，规范物业的管理，完善考核机制。

（4）加强政策配套，吸引多方参与。

一是协同推进老旧社区改造和社区服务提升，推进专业物业服务企业、社区公益组织、社区居委会等多方协同配合，确保老旧社区后续管理有序进行。二是明确财务清单，定期公开社区财政情况。三是鼓励居民参与老旧社区管理工作。

（5）多渠道筹措资金。

以居民自治为抓手，入户征求需 80% 以上居民同意后方可实行楼宇自治管理，将所有车位费作为公共区域内的维修资金使用，让困扰居民的生活难题慢慢得到妥善解决。

第三节 "村改居"社区物业管理研究

一、"村改居"的特点梳理

"村改居"是我国政府提出的一个重要政策，旨在解决农村人口向城市迁移的问题，改善农民的居住条件和生活水平。"村改居"社区是指将原本散落在农村各处的农民住宅统一集中到城市周边，形成一个集中居住的社区。这种社区的建设涉及土地规划、基础设施建设、房屋建设等多个方面。

"村改居"社区物业管理具有以下特点：由于居民大多来自农村，文化背景不同，需求也不尽相同；社区管理规范程度较低，物业管理意识不强；物业管理企业经验和管理水平参差不齐，存在管理混乱和服务不到位等问题。为应对这些问题，"村改居"社区物业管理往往采用居民委员会与物业管理公司合作的管理模式，由居民委员会协调管理事宜，物业企业负责具体的管理运营。

二、"村改居"社区物业管理研究现状

Simning 等（2011）从城市管理、城市地排、城市生活空间三个层面分析，国家具体负责指导实施城镇化，对城镇基础设施进行改造，通过建章立制推动城镇化发展。资本为政府指导工作提供了动力，尤其是建设资本促进了城市的发展。"二战"以后美国经济增长迅速，资本雄厚，城镇化进程进一步提速，随之也产生大量的社区治理难题。在"村改居"社区治理的情况下，Morgan（2016）提出，治理的主体是来自政府但又不限于政府的社会公共机构。Fukuyama（1996）提出社区的发展需要政府与非政府组织的介入，更需要公众的参与，公众参与的高级阶段是社区居民自治，社区的发展主要在于公众的参与和居民自治。

Hopkins 等（2017）指出公众参与城市"村改居"社区治理的过程中，运用法律武器维护自身的经济、政治利益，使公众价值得到体现。城市基层治理正日益走向公众化、社会化、制度化、规范化。概括来说，各国"村改居"社区治

理的组织体系是基本一致的，主要由政府、基层社会组织、社区居民三部分组成。Peters（2013）指出，公众参与治理可以帮助政府实现行动合法化，同时对参与治理的理念、结构和管理技术等进行详细分析，为参与式治理框架的构建提供了明确方向。

国内学者研究发现"村改居"社区物业管理的规范及专业程度较弱，对于物业管理工作开展难度大，通过取样考察得知大部分的"村改居"社区的物业由村委会或住建局进行管理，专业的物业管理公司难以介入。关于"村改居"社区的物业治理难题，雷望红（2016）认为，"村改居"社区物业管理面临的问题有"五难"，即观念转变难、服务收费难、管理运作难、硬件整治难、人才引进难，并针对这"五难"提出"五化"，即宣传常态化、经费多元化、运作差异化、整治社会化、人才专业化。

随着"村改居"社区的大量涌现，社区基础设施得到了提升，但管理维护上却仍存在问题，程莉雅（2019）认为，"村改居"社区后，绿地、健身场所、电梯等大量公共空间和设施出现，这也超出了村委会的管辖范围，需要居民共同管理。通过社区调查研究发现，"村改居"社区物业管理的规范性和可持续性较差，物业管理工作人员大多是开发区、原村镇的转岗人员和安置的农民，缺乏管理专业知识，进而影响物业管理的规范化。

吴莹（2016）认为当前"村改居"社区的物业管理主要存在以下三个方面问题：一是完全市场化的商业物管形式在回迁社区难以实行；二是村集体经济的补贴和地方政府的支持对于社区自管和政府协管模式下的物业顺利运作发挥至关重要的作用，也因沉重的财政负担而难以持续；三是政府部门和基层自治组织对物业管理介入过深，不利于物业管理的专门化，这也带来了潜在的冲突隐患。

三、"村改居"社区物业管理存在的问题分析

（1）物业服务不规范。

在"村改居"社区中，物业服务存在不规范的情况。物业公司的管理不够专业，对业主的服务不够周到。通过对于社区内业主的调查，发现大部分业主对于物业服务企业提供的服务表示不满意，更多的方面体现在物业企业没有制定详细的服务标准，导致服务内容不明确，无法为业主提供满意的服务。一些物业公

司在服务中存在不尽职的现象。例如，未按时进行社区清洁、垃圾清运不及时、公共设施的维护保养不到位等问题。此外，部分物业服务企业也存在服务态度差、服务人员素质较低等问题，给居民带来不便和不满。物业企业与业主之间的沟通也不够顺畅，没有及时回应业主的咨询和投诉，也没有及时更新业主信息。

（2）物业管理缺乏人才。

物业管理缺乏专业人才是影响"村改居"社区物业管理的一个重要因素。管理人员缺乏物业管理方面的知识和经验，导致对社区物业管理的理解和认识不够深入，对问题的解决能力也较弱。物业管理企业存在聘请非专业人员负责物业管理工作的情况，这样的情况容易导致物业管理工作质量低下，对社区的发展产生不良影响。

（3）费用管理混乱。

在部分"村改居"社区，物业管理费用的收取和管理也存在问题。在"村改居"社区物业管理中，物业企业的收费标准不透明，这导致居民对具体的收费标准和收费项目不够了解，给居民带来不便。在对部分"村改居"社区进行深入调查时，业主反映出的最大问题就是物业费收缴不合理，其主要的因素在于物业服务企业私自增收费用名目。例如，卫生处理费、电动车看管费等，还有一些管理者或物业服务中心的工作人员会擅自扣留或挪用物业费用，这种行为导致物业费用管理混乱，难以保证物业管理服务的正常运行。

（4）居民参与度不高。

"村改居"社区物业管理中存在居民参与度不高的问题，主要表现为居民对社区管理事务的参与程度不够高，对社区规划和建设的了解不够深入，缺乏有效的参与和监督机制。业主对于物业管理的参与度不够高，大部分业主对物业企业的管理工作不了解或者不关心，导致物业企业无法获得业主的支持和合作。这也会导致业主无法有效地监督物业企业的工作，无法有效地参与社区的管理。这些问题的存在，使社区管理和服务工作的开展受到很大的限制，无法达到预期的效果。

四、影响"村改居"社区物业管理的因素分析

（1）社区的规模与人员构成。

社区规模和结构也可能影响"村改居"社区物业管理的质量。"村改居"社

区规模较小，物业管理较为容易，物业企业能够更容易地了解居民的需求和关注点。相反地，一个较大的社区可能需要更多的资源和人员管理，可能需要更高的服务费用。此外，社区的人员构成也可能影响物业管理质量和水平。例如，如果社区中年轻人员较多，对于物业的认识程度也就相应地有所提高。

（2）物业企业的服务质量。

物业企业的服务质量直接影响着社区内的居民对于物业管理的满意度，通过问卷调查得知，如果物业企业能够提供优质的服务，及时解决居民的问题和投诉，就会使社区居民的满意度提高，物业管理也会更加顺畅，物业服务企业的实力和管理水平对"村改居"社区物业管理的质量有重要影响，一些物业服务企业可能缺乏足够的管理经验和专业知识，导致服务质量下降。此外，一些物业服务企业可能面临资金短缺和人员不足等问题，也可能影响服务质量。

（3）社区治理体系建设。

社区治理体系建设是保障物业管理的重要因素之一。建立健全的社区治理机制和规章制度，明确各方责任和义务，促进社区居民与物业企业的合作，有利于提高物业管理水平。

（4）政策支持和监管。

政策和法律环境对"村改居"社区物业管理的质量也可能产生影响。政府对物业管理有一定的规定和要求，物业企业在遵守相关法律法规前提下进行日常经营。政府也可能提供一些补贴和支持，以提升物业管理的质量。此外，健全的政策和法律体系还可能影响物业服务企业的选择和竞争，进而影响管理质量。

（5）经济条件和物业费用。

经济条件和物业费用是影响物业管理的重要因素之一。较高的物业费用可以带来更好的物业管理服务，但是如果居民经济条件较差，支付不起高额物业费用，那么物业管理的质量就会受到影响。其中，各种附加的物业费也会导致业主的服务体验感变差，因此，在制定物业费用时应根据居民实际情况合理制定。

五、"村改居"社区物业管理水平提升路径研究

（1）加强物业服务意识、规范物业服务。

针对"村改居"社区物业管理存在的服务质量不规范的问题，需要加强物

业服务意识，确保服务满足居民的需求。物业服务人员应该具备强烈的服务意识和服务理念，要明确服务是企业的责任和义务。物业企业应该对物业服务人员进行培训和教育，让员工认识物业服务的重要性，提高服务态度和水平。物业服务人员应该掌握相关的业务技能，包括维修技能、管理技能、安全防范技能等。物业企业应该定期开展培训，提高物业服务人员的专业水平，以提供更好的服务。建立业主服务体系，建立业主服务热线和投诉处理机制，让业主可以及时反映问题和建议，同时及时响应和处理业主的投诉和建议，以提高业主的满意度。物业服务人员应该增强责任心和使命感，明确服务的职责和义务，时刻为业主着想，提供优质的服务。物业企业应该对物业服务人员进行奖励和惩罚，以激励其工作热情。物业企业应该积极开展服务宣传，让业主更加了解物业服务的内容以及标准，让业主参与到物业管理中来，共同维护社区的和谐稳定。可以利用社区广播、社区微信公众号等方式进行宣传。

（2）合理分配人才。

制定明确的人才分配标准，包括岗位职责、工作能力、工作经验等因素，并根据标准进行评估和分配。加强员工培训和管理，为员工提供专业的培训和管理，不断提升员工的能力和素质，提高服务质量和工作效率。设立激励机制，根据工作表现和贡献，设立相应的激励机制，包括奖励、晋升、岗位调整等，激励员工积极投入工作。通过以上措施，可以有效地解决社区居民对物业管理人员不满的问题，提高物业服务质量和管理效率。

（3）完善物业管理收费制度。

为了解决管理制度不完善的问题，需要加强对社区管理规定的宣传和培训，加大对社区管理工作的监督力度。在"村改居"社区中，需要建立健全物业管理机制，包括人员组织结构、管理制度、考核评价等。要加强人员培训，明确职责和义务，规范服务流程，提高服务质量和效率。完善物业管理费用收费机制，要建立和完善物业管理费用收费机制，公示物业费用的用途和标准，保证收费的公开性、透明性。同时，也要定期公布物业管理费用收支情况，并接受业主监督和评价。

（4）推广社区共建共治理、提高社区居民参与度。

为了解决居民参与度不高的问题，推广社区共建共治的理念，鼓励居民积极参与社区管理和建设，提高居民对社区管理事务的了解和参与度，增强社区管理的透明度和民主性。同时，需要建立有效的参与和监督机制，确保居民的意见和建议得到充分的反映和落实。通过在社区内张贴宣传海报、举办座谈会等方式，向居民宣传社区共建共治理的理念和重要性，增强社区居民的参与意识。建立居民议事会，让"村改居"社区居民能够通过议事会参与社区建设和管理，提出自己的意见和建议，促进社区自治和民主管理。组织社区志愿服务活动，如社区环境整治、文化活动等，增强居民的责任感和参与度，同时也能提高社区的整体素质和形象。建立社区信息交流平台，如社区微信群、社区公众号等，方便居民交流和互动，促进社区内部的信息共享和合作。营造和谐、安全、宜居的生活环境，如环境卫生整治、提供公共设施服务等，增强社区的凝聚力和稳定性，吸引更多居民参与社区共建共治理。

第四节　完整社区视角下的智慧社区物业管理研究

一、完整社区的发展梳理

随着物联网、大数据等信息技术的发展，社会各行业均受到较大的影响，产生巨大的变革。传统的物业服务模式所提供的服务内容单一，智能化水平不足，难以满足居民不断变化的多元化需求。以崭新的视角，发现智慧社区物业管理存在的问题、分析产生的原因，提出针对性改进策略，成为突破智慧社区物业管理发展瓶颈的关键。

2019 年，住房和城乡建设部召开的工作会议中，首次提出"完整社区"概念，并且借助完整社区的推广，建设基础设施完备、公共服务体系健全的基层智慧社区治理体系。自 2019 年"完整社区"概念提出以来，各地政府一直将完善社区各项配套设施作为工作重点，把提高城市社区规划设计、建设运营水平，推动各项功能高质量发展，提高服务水平及治理能力作为主要任务。在建设过程中一直将整体性、科学性、前瞻性、合理性、多维性、系统性、全面性、方便性、智慧性等作为"完整社区"建设的基本要求。

智慧社区是智慧城市的关键子系统，通过智慧社区的建设能够为社区居民提供便捷的服务，使城市治理得以更加高效地发展，当前智慧社区的建设处在重要的位置，智慧社区的建设已经初具框架结构，但缺少在"完整社区"建设视角下开展智慧社区的建设，目前社区建设大多是按照智慧社区的框架进行设计和建设的，缺少完整社区理念的指导，亟待以完整社区理念为指导开展智慧社区建设。随着完整社区、智慧社区的发展，对物业管理行业发展提出了新要求，为满足业主不断变化的需求，物业服务企业应改变传统的物业管理模式，进行转型升级。

迄今为止，国外关于完整社区的规划建设已经形成完整的建设体系。国外完整社区规划建设较为完整，北美地区完整社区的规划均以问题导向为出发点，面对交通拥堵、服务设施不足、环境污染和房价上涨等一系列城市建设突出问题，提出构建功能混合、住宅可负担、提供便捷服务的完整社区。奥斯汀完整社区规划制定了策略矩阵，可针对不同的建设内容，以宜居性、可持续性、创造性、教育水平、繁荣度、可达性和人文性为目标。多伦多完整社区以公众参与以包容性、创造性、提升社区资本、营造良好关系、公平性和娱乐性为原则，并通过学者、社区组织、利益相关者、政府部门、居民等多方共同参与社区规划和项目实施，从而形成一个能真实反映公众意愿的规划机制。美国与加拿大的完整社区规划为其他国家的完整社区规划提供了指导，通过分析完整社区设计方法与建设实施的具体案例，为建设完整社区提供参考。国外的完整社区已经具备了清晰的框架结构，涵盖完整社区建设的目标、规划和评价体系，清晰完整的建设架构能够有效了解完整社区规划的制定与落实，促进完整社区的落地建设。国外完整社区在概念内涵、建设架构、落实机理以及公众参与四个方面具有系统性、指导性的建设经验。

我国"完整社区"的概念是由两院院士吴良镛先生于 2010 年率先提出的，其注重"人"在社区中的作用，强调社区内需要建立起环境与人之间的友好关系。借助完整社区助推完善社区基础设施和公共服务，加速营造社区公共环境与特色社区文化的良好氛围，以此实现共建、共治、共享的社区治理体系。2020 年，住房和城乡建设部等部门印发《关于开展城市居住社区建设补短板行动的意见》（以下简称《意见》）和《完整居住社区建设标准（试行）》（以下简称《标准》），2021 年，住房和城乡建设部印发（以下简称"住建部"）《完整居住社区建设指南的通知》（以下简称《指南》）。完整社区是为群众日常生活提供基本服务和设施的生活单元，也是社区治理的基本单元，通过打造完整社区，完善服务设施，创造社会共治的基层治理体系。《标准》规定了完整社区的建设内容和建设要求，可作为完整社区建设补短板行动的主要依据。随着我国城镇化的不断发展，我国各行业发展迅速，呈现多元化、责任化发展态势，各行业的交叉发展造成当前一些社会矛盾的出现，而社区作为多数行业存在的地方已成为反映居民诉求、解决社会矛盾与冲突的重要平台。《指南》中介绍了完整社区的内涵、基本要求、建设指引、典型案例。建设指引方面包含基本公共服务设施完善、便民商业服务设施健全、市政配套基础设施完备等六大方面，六大方面中包含 20 条具体意见，详细介绍了完整社区的建设标准，每个建设标准下附带相关政策内容。

完整社区是指在居民适宜步行范围内有完善的基本公共服务设施、健全的便民商业服务设施、完备的市政配套基础设施、充足的公共活动空间、全覆盖的物业管理和健全的社区管理机制且居民归属感、认同感、幸福感、安全感较强的居住社区。《指南》中详细介绍了完整社区，完整社区是指能够为社区居民提供基本生活服务和设施的单元，居住人口规模为5万~10万人，由若干个完整社区组成街区，衔接15分钟生活圈，规划建设幼儿园、托儿所、养老院、社区医院、运动场馆等设施，配备完善的公共服务。在完整社区六大方面建设内容中，保证物业管理的全覆盖要求社区引进专业化的物业管理服务，搭建精细化、智能化的智慧社区服务平台。居民生活的大部分时间是在社区中度过，谈到社区中生活时间长短的问题，年轻人因工作需要在社区中活动的时间相对较短，老年人与儿童在社区中活动的时间较长，因此完整社区的建设应该优先保障此类人群，而建设完整社区就是以保障老年人、儿童的生活需求为出发点，配备相关基础设施，提高服务水平，提升社区居民的幸福感与获得感。

二、国内外完整社区的研究现状

与北美地区的建设完整社区的国家相比，我国完整社区的建设规划尚处在建设的初级阶段，目前北京、厦门等城市提出了完整社区的建设标准，落实速度相对缓慢。张云颖（2022）总结了完整社区的相关理论；董立仁（2023）指出从上层制度来看，完整社区、生活圈及指标体系体现出社区建设的方向；张乐敏等（2022）提出明确社区工作的关键和困难，分析了完整社区和健康城市的联系，以完整社区为基础，优化空间环境，提升社会治理，齐心协力建设健康城市；还有部分学者认为，完整社区的建设规模需满足居住人群的真实需求，尤其是优先满足在社区活动时间最长、设施使用最频繁且行动能力受限的老人和儿童；阎祥东（2017）认为，建设完整社区正如构建规模适宜、功能完善的基本细胞，由微观到宏观，完善城市结构，健全城市功能，提升城市活力。目前，国内已有较好的完整社区建设案例，如厦门建成"六有""五达标""三完善""一公约"的完整社区建设指标体系，建设了以老旧社区改造后的先锋营社区、以公共空间改造的鹭江老剧院公园、以前埔南社区关爱中心的完整社区案例。北京的劲松北社区也完成了完整社区的适老化改造；广州旧南海县社区依托历史文化街区进行微改造；沈阳牡丹社区以原"单位制管理"的完整社区改造，天津市、福建省、重庆市在完整社区方面均作出建设要求。目前，我国完整社区的覆盖率依旧有限，我国迫切需要加快建设完整社区，并以完整社区为中心促进我国的城市化发展，将建设重点集中在安全保卫工作有保障、社区配套设施健全、社区管理更加秩序化三个方面。

我国在完整社区视角下智慧社区建设已取得初步进展，在完整社区视角下，坚持把增进民生福祉，提高居民生活水平作为建设目标。在智慧社区建设中，要整合社会空间的分化问题。钟平燕（2022）指出，随着我国的城市化进程的快速发展，智慧城市的建设和推广越发重要，在智慧城市的发展过程中应当更加注重智慧城市的公共安全，提出了基于智慧城市的"无边界安全共同体"这一概念，同时强调城市的内在自我识别和预防修护能力；武新新（2021）以智慧社区建设为背景分析了智慧社区的进度滞后、重复建设等问题，同时针对智慧社区的运营特点从社区服务、公共服务、通用标准等角度对智慧社区的总体框架进行了设计，提出智慧社区服务标准体系的框架，建立了智慧社区服务管理的子系统，为后续的智慧社区建设提供了指导。在现有智慧社区建设方案中，相关企业已提供社区治理、物业服务、便民应用三方为中心的完整社区共建、共治、共享的建设方案，充分利用互联网、物联网、云计算等信息技术，促进完整居住社区服务设施配套完整、物业服务水平提升和社区治理能力强化，推进智慧社区的精细化、智能化管理，增进社区居住居民的幸福感、安全感。在完整社区政策提出后，各省份相继利用5G物联网+大数据人工智能，从智慧生活、智慧治理着手，利用包括人脸识别、智能灯控等系统，形成"智慧治理网、完整生活圈"的治理模式。

三、资源整合理论梳理

资源整合是企业在日常生产经营过程中对企业未来进行长远规划的重要手段，也是在日常生产经营过程中必须从事的基础性、日常性工作。资源整合理论注重企业在发展过程中合理地配置日常所需要的资源，寻求最满意的资源配置方案。目前，物业服务企业正处在转型发展的关键时期，学习如何进行资源的最优配置，是实现企业转型的重要工作。

（1）资源整合概念。

从企业制定战略的角度出发，资源整合是通过组织与协调的手段，将企业内部有关但彼此分离的职能、有共同目标但独立产生经济效益的合作伙伴形成一体化的系统。

从战术选择角度出发，资源整合是考虑到企业的未来战略规划与相关领域市场需求，通过资源整合对企业未来发展相关资源进行二次分配，目的是提高企业的核心竞争力，并挖掘资源配置与客户需求的最佳方式。

（2）资源整合的方式。

学术界一般将资源整合的方式分为三类，分别是纵向资源整合、横向资源整合、平台式资源整合，相关定义如下：

纵向资源整合是位于一条价值链上的两个或多个厂商有组织地联合在一起结成利益联盟，通过整合产业价值链内的资源配置，创造更大的价值和利润。企业应当根据自身发展方向进行自身定位，思考如何发挥自己企业的特长，争取在价值链中达到更好的效果。

横向资源整合是把目光集中在价值链中的某一个具体环节，联合其他厂商多方进行探讨利用哪些资源，怎样组合这些资源，如何高效构成这个环节，提高该环节的效率和价值，企业实现效益最大化。其与纵向资源整合不同，后者是把资源看作价值链上的不同节点，强调企业要根据自身发展方向进行自身定位，做最擅长的事情，同时协调各个节点的不同任务，使产生的价值效益最大化。前者大多处于相关产业链外部。

平台式资源整合却与以上方式不同，其将企业作为中转平台，在平台中添加供给方、需求方等资源，降低各方的交易成本，并从中获利，从而实现各方利益的最大化。

在企业的实际发展过程中，以上三种整合方式彼此交叉，也就是说，企业不可能单独存在一种资源整合方式。对于物业服务企业来讲，企业提供的产品是管理服务，包括物业人员分配、客户管理、安防系统、绿化保洁管理等。在智慧社区建设过程中物业服务企业自身很难完成软硬件开发、人力资源管理等多种资源的合理分配，此时要考虑到企业的资源整合能力。例如，在项目建设时期，企业要运用纵向与横向资源整合，像智能安防、智能家居等需要从专业化设备厂商采购；在项目运营时期，主要采用平台式资源整合，像物业利用智慧物业管理平台实现智慧化管理。

四、完整社区、智慧社区理论与物业管理的关联性研究

随着城市的发展，各种建筑逐渐建成，在建筑交付使用后，大都面临着建筑的日常维修养护等问题，从新建楼宇到老旧社区都离不开上述问题。物业管理重在管理与服务，两者不存在孰高孰低的关系。物业服务企业已由过去的单一经营模式，转变为多种经营模式。推行物业管理能够保证房屋功能的正常使用，延长房屋使用年限、创造良好的居住环境，保障业主生活的舒适性、使房屋保值增值。

智慧社区提供的服务内容就包含物业管理，在智慧社区建设过程中物业管理是必不可少的建设板块。水、电、气、路、热、信、安防、环境治理等常规性公共性服务以及微信公众号平台、App 应用软件等特约性个性化服务都可以通过在智慧社区建设中的物业管理板块完成建设，使物业管理更加精细化、便利化、高效化。同时智慧社区还能够在便民服务、电子商务、社交休闲方面提供智慧化的服务。智慧社区的建设能够保证物业服务企业提供的相关服务更加高效、便捷，其提供的产品内容能够依照社区业主的需求进行灵活调整，各种资源能够通过信息技术实现整合和相关数据能够实现共享。

社区已经成为开展社会治理的关键点，与每位公民息息相关，而完整社区就是站在居民需求为出发点所进行的建设。完整社区的建设要求是使社区的功能更加健全，即完善的基本公共服务设施、健全的商业服务设施、完善的市政配套基础设施、保证公共活动空间的丰富、保证物业管理服务的全覆盖、社区具备完善的社区管理机制六个方面的建设要求。这六个要求都存在智慧社区建设的影子，智慧社区强调各单一方面管理的智慧化、高效化，而完整社区则要求将这些单一的智慧功能进行整合，并结合其他相关资源组成完整的社区。社区单元又离不开自身的管理，即所谓的物业管理。在物业管理服务平台的建设要求中也要推进智慧社区的建设，鼓励运用互联网大数据等信息技术，建设智慧社区物业管理服务平台。在智慧社区中强调物业管理的智能化，而完整社区中强调实现物业管理的全覆盖，智慧社区与完整社区看似不相同的概念，其确有多方面的共同之处，所

以三者是一种相互交叉、相互成就的关系。

五、完整社区视角下智慧社区物业管理需求分析

智慧社区具有可持续性、智慧与文明的特点，可持续性体现在软硬件使用的可持续性上，只有设施设备所需要的软硬件得到持续性的保障才能使智慧社区建设的功能得以可持续性使用；而智慧与文明体现在物业管理的智慧化，智慧化体现在业主需要智慧化服务，物业服务企业需要建设智慧化设施设备提供智慧化功能。

（1）物业管理智慧化需求。

随着居民收入水平的不断提高，社区居民从单纯追求居住环境转变为更高层次的要求。因此，物业服务企业需要不断地向更高层次的社区倾斜，保障业主的各项权益，那么智慧化管理对于满足这种要求具有较高的适用性，所以物业企业需要尽早改善自身传统的管理模式向智慧社区管理转变。

（2）业主需求。

随着我国信息化建设不断完善，各行各业都已经将信息化技术融入自身的生产经营等各项工作中。社区居民同样也离不开网络，传统的物业管理模式已经不能满足当下社区居民的需要。例如，在微信、支付宝等智慧平台能够完成的工作，社区居民很少会选择到线下办理。业主对智慧化建设方面的需求是不断增加的，也是企业在智慧化建设方面需要重视的。

（3）物业服务企业需求。

传统的"四保、一客服"物业管理模式依旧是物业服务企业最基本的业务，物业服务企业的盈利点也不再是单纯地靠收取物业费维持自身发展。物业管理智慧服务平台的建设是满足企业在维修、安防等方面保障社区平稳运行的关键，传统的管理方式容易造成管理漏洞，而引入智慧化平台后可以缓解人力在这方面的压力，提高管理效率。另外，物业服务企业开展多种经营所带来的收益可以助力企业进行智慧化建设，进而提高平台在各项业务的管理效率和业主的满意度。

（4）物业管理智慧化软硬件需求。

在社区提高的智慧安防、楼宇对讲等方面都需要网络、通信、感知、平台运行设备的支持。硬件设备保障了平台的互联互通、数据收集和平稳运行。软件需

要硬件设备才能够发挥本身的功能，企业必须重视软件的建设工作，在日常工作中企业需要运用多项软件信息技术对智慧化平台进行管理，这也要求管理人员具备较高的技术水平。

六、完整社区视角下开展智慧社区物业管理的具体举措

政府及相关组织一直以来是市场发展的风向标，可以有效地引导市场主体的发展；物业服务企业作为社区居民提供直接服务主体，与居民的接触最为密切；业主是智慧社区建设成果的直接受益主体，政府及相关组织、物业服务企业、业主涵盖了智慧社区建设过程中各方主体，因此选择从以上三个角度提出具体的建设举措。首先，详细梳理当前完整社区建设标准；其次，在完整社区建设标准的基础上，提出开展智慧社区物业管理的针对性策略。完整社区视角下开展智慧社区物业管理的基本标准如下：

（1）停车及充电设施。

停车与充电需求是满足社区居民在日常出行需求的必备措施。对社区停车与充电设施秉持"资源节约、环境友好、社会公平、安全便捷、可持续发展"的原则，要求各社区根据属地的机动车数量、社区地理位置、居民用车需求等迅速制定合理的停车和充电设施配备要求。建设要求中提到新建的社区需要配置高于1车位/户的机动车位，并且完全解决充电车辆的充电需求，或者预留场地以便进行后期建设；现有的社区需要根据社区实际情况，合理解决停车问题，防止出现违规停车等不良现象；社区应建设非机动车停放设施，具备条件的社区还应当建设适配的充电设施。在充电设施建设方面，物业服务企业还应当参照《关于加快电动汽车充电基础设施建设的指导意见》提出的建设要求。

（2）环境卫生设施。

环境卫生是提升社区居民生活满意度的重要组成部分。建设完整社区要进行垃圾分类处理，完整社区要建设与用地面积适宜的生活垃圾收集站，同时建设的公厕建筑面积要大于30平方米。在有条件的社区应当为老年人等弱势群体配备无障碍专用厕所；条件相对匮乏的社区建议采用集成式、箱式公共厕所。在垃圾分类建设方面物业服务企业应当遵循住房和城乡建设部等部门印发的《关于在全国地市级及以上城市全面开展生活垃圾分类工作的通知》和属地的在垃圾分类方

面的建设细则。

（3）物业服务。

根据物业服务特点指出，完整社区的建设要支持引入专业化物业服务，对于不具备引入条件的，需要通过社区托管或者居民自管等方式，提高社区内的物业管理水平。同时，《指南》提出，"新建居住社区按照不低于物业总建筑面积2‰，比例且不低于50平方米配置物业管理用房，既有居住社区因地制宜配置物业管理用房"。现有的社区也要结合实际情况灵活配置物业管理用房。在建设原则中提到物业服务要做到合理配置出入口控制、视频监控、智慧灯控、楼宇对讲等智慧安防设施。具体建设细则要根据属地在智慧社区方面的建设要求。

（4）物业管理服务平台。

物业管理服务平台是实现物业服务企业高效管理的重要工具，也是物业服务企业联系居民最直接的社区治理平台。对物业管理服务平台的建设有明确的要求，完整社区应当建立物业管理服务平台，提供线上线下相结合的服务内容。强调社区要推进智慧社区的建设，并鼓励物业服务企业运用新一代信息技术，构建精细化、智能化的物业管理服务平台。在物业管理服务平台建成以后可以在公共服务、设施设备、安全管理等方面提供智慧化、精细化、便利化的服务内容。

（5）社区管理机制。

社区管理机制是提高社区自治能力的重要保障，完善的社区管理机制能够提升社区管理工作的效率。将社区管理纳入网格化管理，强调要建立完善相关制度，发挥基层社区的作用，提升社区自我管理能力。将物业管理等相关事务纳入社区的基层治理中，其目的是密切联系群众，满足群众需求。创新社区管理和服务模式，通过智慧社区物业管理服务平台的支持，将日常相关事务实现服务智慧化，以此达到治理能力现代化的目标。

（6）社区文化。

社区文化活动是丰富社区居民日常精神生活的重要方式，社区文化也是增强社区居民凝聚力的重要源泉。社区要定期举办社区文化活动，提升居民文化素养；并制定社区居民自治公约，约束居民行为，营造富有社区自身特色的社区文化。社区文化的建设是以满足居民的精神需求为导向，通过定期开展文化活动，营造社区居民互帮互助，邻里和睦的社区氛围。社区要具有能体现自身特色的社区文化，引导居民养成讲文明、懂礼貌的行为习惯，建立良好的社区秩序。

（7）养老服务站。

完整社区要配套建设一个老年服务站，为老年人等弱势群体提供日间照料服务，包括饮食、文化娱乐等。张乐敏等（2022）建议应在社区内部设置养老服务驿站等，为老年人提供日间养老照料服务；增设社区卫生服务中心的床位，在社区内提供就医服务。

七、完整社区视角下智慧社区物业管理的路径研究

（1）积极培育社会组织，发挥市场主体作用。

智慧社区的建设应当做好各项工作的统筹工作，对智慧社区的建设细则进行统一的规划，重视发挥市场化力量，增强社会主体参与，是形成共建共治共享的良好生态的重要环节。从部分城市已经投入完整社区的实际情况来看，建设过程中需要政府与社会的共同发力。政府在完整社区建设过程中起引领与兜底作用，而社会力量负责完整社区的建设、运营，实现智慧社区高效、高质量、可持续的发展。政府在智慧社区建设过程中应当鼓励企业主动参与建设，并提高其参与的积极性，做到重视市场力量，形成多方合力参与到智慧社区建设的良好局面。应当加大社区对社会组织的奖励性政策，物业服务企业自身在传感器、摄像头等方面不具备专业生产能力，需要其他组织参与才能够实现，设备的投入增加物业服务企业的经济负担并阻碍智慧化平台的运行。政府应当鼓励相关组织常驻社区或者建立保障机制，保障社区的平稳运行，这就需要政府在相关方面给予资金优惠性政策，调动社会资本的积极性，相关市场主体才能够在后续平台的研发、维护、管理等方面提高服务效能，让智慧物业服务平台更符合居民多样化的需求。

（2）加强信息安全建设。

物业管理智慧服务管理平台在运用物联网等新信息技术参与智慧社区建设时，各部门应当注重信息安全，完善相关的法律法规。一是相关部门制定并完善相关法律法规，加大人才培养力度，制定适合智慧社区发展的安全保障制度。二是发挥政府在智慧社区建设过程中的主导作用，加强部门间的合作，构建完整的智慧社区安全保障机制。三是加大资金投入，设计完善电子政务服务平台，畅通互联互通渠道，做到与智慧物业管理服务平台互联互通。信息安全关系居民的切

身利益，各方面保障体系的完善能够让物业管理智慧服务平台的各个端口更好地为居民提供智慧化服务。

（3）拓宽智慧社区建设参与渠道。

物业服务企业员工深入社区了解社区居民对智慧社区、完整社区建设的一些想法，旨在提升居民的参与度。加强企业宣传和提升建设透明度。物业服务企业作为社区居民的直接提供服务主体，应当在社区内部积极举办智慧社区、完整社区建设沙龙和知识竞赛等活动，宣传完整社区视角下智慧社区建设理念、方法与成果；在平台端应当开放专门的宣传页面，根据用户使用量的多少，介绍问卷管理、公告记录等端口的功能及操作说明；组建志愿服务小组，引导老年人等弱势群体使用智慧社区 App，同时平台要推出关怀模式、大字版模式等让智慧社区更适合老年人。

（4）加强人员队伍建设，吸引创新型人才。

应用信息技术是智慧社区建设的关键，人才掌握技术，所以智慧社区的建设需要人才为其提供支持。只有配备在完整社区、智慧社区方面的专业性人才，智慧社区的建设才能够向更高效、更合理、更长远的方向发展。

物业服务企业在智慧物业管理平台的运营操作上需要对企业内部的工作人员进行专业化培养，让员工拥有独自操作平台的能力。企业培训制度方面做好人才引进工作，通过薪资、福利等一系列举措，不断扩大智慧社区建设的人才队伍，并做到留住人才。在培训内容方面，物业服务企业要增加智能设备、智慧社区知识、平台运维管理等方面的内容。

（5）健全信息安全保障机制，扩大宣传力度。

智慧社区 App 的安全性问题是造成使用率较低的原因之一。企业首先应当通过社区宣传栏、物业宣传栏、智慧物业管理平台、业主群等方式来宣传 App 的功能、App 的建设厂商和智慧社区 App 的安全程度，并建立合理的损失赔偿机制，消除用户的担忧。与此同时，积极与智慧社区 App 开发厂商进行安全测试，及时发现、修补物业管理智慧服务平台各端口的安全漏洞。

（6）扩大自身平台的资源整合能力。

当前，业主对物业管理的需求已经从单纯的安全需求转化为服务多样化的需求，所以基于互联网信息技术为基础建设的智慧社区管理平台将线下服务转为线上服务，构建满足居民需求的服务体系尤为重要。但是在实际建设中，智慧社区App 提供的商业服务有限。居民参与智慧社区建设就需要将居民的需求进行高效的整合，明确服务提供种类让业主将 App 持续地使用下去。物业服务企业做好与业主的联系是基础性工作，但也不仅局限于设施设备、人员管理，更应该向信息集成方面发展，对外做到资源的有效整合。基于此，物业服务企业提供的智慧社区 App 需要最大限度地整合社区周边的各项资源，将各种商业资源集中到智慧平台上吸引社区居民长久使用。例如，商家管理、商家活动、订单管理等端口要打通适合商铺开展线上活动，适合居民参与的渠道，方便商户与居民的使用。

（7）业主参与智慧社区物业管理改进策略。

建立健全社会共治的治理机制，提升社会治理效能，畅通群众反馈渠道，提升群众参与意识，引导群众积极参与。发扬民主决策一直以来是政治制度的重要内容，社区居民作为社区中的一员，应当共同参与社区的治理工作。物业服务企业是与社区居民直接接触，且是为社区居民提供服务的直接主体，社区居民参与社区物业管理工作，也是在为社区建设而付出。社区居民应当把握住社区给予的各项权利，增强自身参与意识，积极地参与智慧社区的建设，认识物业管理智慧服务平台对自身的重要性。例如，传感器与控制器的结合使用和相关设备的运行情况；一键开门等功能对于家庭安全的重要性；社区头条对社区信息的了解程度，明白参与的重要性与积极意义。同时，积极使用智慧社区 App，对智慧社区 App 各端口存在的不足进行积极的反馈，使各项功能更便于社区居民的使用。

第三章　住宅物业管理智能化的困境及路径研究

第一节 住宅物业管理的研究现状

一、住宅物业管理的发展梳理

住宅物业管理是指对住宅社区的公共设施设备、环境卫生、公共秩序等进行管理和服务的一种行为。物业管理是一种公共事业，为居民生活提供基本的保障，也是对基础设施维护的重要组成部分。在我国，住宅社区物业管理是由专业的物业服务企业或居委会等组织进行的。物业服务企业承担了管理住宅社区的重要职责，应当依据相关法律法规，履行好管理职责，为居民提供安全、卫生、便利的居住环境。

住宅物业管理是一种复杂的行为，包括多个方面的管理，如环境卫生、物业维护、安全管理、业务运营等。物业管理包含的内容非常广泛，需要综合运用多种学科的理论和方法进行研究。物业管理中需要通过科学合理的管理手段和有效的管理措施，不断提高管理水平。物业管理有延长公共设施设备使用年限、稳定社区、更好地提供服务的作用。目前来看，国内大型住宅项目、高层住宅和高端住宅的公共设施设备呈现出智能化的发展趋势，为住宅社区提供了更有保障、更安全的服务。

近年来，住宅物业发展势头迅猛，城市住宅面积不断扩大，同时带动物业管理行业高速发展。住宅物业管理走进人们的生活，成为住宅社区业主生活质量的影响因素之一，业主满意度在住宅社区物业服务中也有着重要的地位。

我国城市化进程日益发展，人们不仅重视居住环境，而且重视服务品质的改善。为满足人民群众对美好生活不断增长的需求，就需要对城市管理和公共服务体系建设进行进一步提升。随着时间的推移，物业服务企业已成为改善居住环境和提升服务品质的重要力量，其对人们的幸福感和获得感的影响越来越深远。在社区的日常维护和现代化治理过程中，物业服务企业发挥着至关重要的作用，同时也在社会经济生活发展中扮演着越来越重要的角色。如何最大限度地发挥物业服务企业的作用、提升业主对物业服务的满意度、增强居民的幸福感，是一个至关重要的实际问题。

随着经济全球化进程的加快，我国城市化水平快速提升，人民生活质量显著改善，越来越多的居民开始追求更加舒适、便捷和人性化的人居环境，而社区作为城市最基本的单元，也成为居民工作和生活中不可或缺的场所之一。在此环境下，传统的物业服务难以满足人们对高品质居住环境的需求，唯有通过创新优化，进一步提升业主的满意度，方能与时代同步，实现以人为中心的服务理念。

随着新时代的到来，人们对物业服务的期望和要求日益提高，这促使物业服务行业要不断创新和提升，以满足客户日益增长的需求。在此过程中，"硬件+软件"成为物业行业发展的重要模式，而这一转变也给物业服务企业带来巨大的挑战与机遇。从对硬件质量的追求逐渐转向对软件支撑的重视，表明我国物业服务行业正在迈向一个全新的发展阶段。

我国逐步重视物业管理，物业管理行业快速发展，物业管理行业相关规范和制度也在逐步完善。随着城市化进程不断深化，物业管理已经从原来的房屋维护的业务范围扩展到社区生活的广泛层面上，即可通过优秀的物业管理来提升业主的生活质量。近年来，住宅物业发展势头迅猛，城市住宅面积不断扩大，同时带动了物业管理行业高速发展。

习近平总书记指出"城市管理应该像绣花一样精细"。落实在城市服务上，即精细化管理。物业服务企业在住宅业态服务下积累的宝贵经验，在参与城市服务方面，尤其是精细化管理方面，有着市场上其他行业所不具备的优势。

随着城市化的发展，住宅面积不断地扩大，物业服务企业进驻社区的规模也在扩大。住宅社区业主对物业服务的要求也在逐步升高。对于物业服务企业而言，所需要服务的业主数量极为庞大。提高服务质量和服务效率、提高业主满意度，是现阶段物业服务企业即业主发展的关键。住宅业主是指物业的所有权人，也就是社区的住户，物业是为社区住户即业主服务的。业主可以是法人、其他组织或自然人，也可以是本国公民或组织，还可以是外国公民或组织。通俗来说，人们从开发商手里拿到钥匙，入住了新房以后，便和物业企业有了联系，入住开发商的房子以后，物业企业称社区房子的产权方为业主。

住宅社区物业管理是指以住宅社区为物业管理对象的一类特殊的物业管理形式。住宅社区物业管理具备物业管理的所有内容，它与其他类型的物业管理的主要区别就在于管理对象的不同，住宅社区物业管理的管理对象是居住型社群，尤其是大型的住宅群。住宅物业管理不仅对住宅社区进行管理，同时为业主提供满足生活需求和高质量的物业服务，其中包括居民赖以生存的空间和其他必需条件，即住宅及附属的设施设备。

随着改革开放的不断推进，城镇化进程得到了极大的加速，地产行业呈现出持续向好的发展态势，物业服务已经从最初的深圳地区扩展至其他沿海城市，并已在北方城市广泛推广应用，物业服务行业在全国范围内展现出了蓬勃的发展态势。物业服务不但促进了经济的增长，还营造了和谐稳定的社会环境，逐渐成为城市化建设及社会稳定发展的刚需条件。

清华大学建立了顾客满意度测评中心，该研究中心基于我国实际情况，选择有代表性的企业对顾客满意度进行研究，推动了我国顾客满意度研究的发展。我国物业管理的基础理论主要借鉴于西方国家，最早由中国香港学者借鉴并引用，后来逐渐推广至中国内地。物业管理服务不仅是物业管理企业等供给方单方面的作用，更要将业主需求方纳入研究范围，为我国的物业管理产业提供了更为完善的研究理论。

根据时代发展变化情况，不断完善物业服务业主满意度提升理论。物业服务企业是社区治理的主体力量，广大群众对物业服务企业的理解和认识的逐渐深入，提高了物业管理行业的社会美誉度，为物业行业的持续发展创造了便利条件，这也为业主满意度的提升提供了新的思路；当前我国居民的消费不断升级，使得对规范化物业服务的需求随之扩大。推动物业服务有序健康发展，事关城市安全和社会稳定，因此，建立一套科学的理论指导企业提升物业服务水平，缓和业主与物业之间的矛盾至关重要：鲁美彤（2021）结合我国物业行业的发展情况，以业主满意度为研究对象，对某品牌物业公司所管理的社区A进行业主满意度调研及实证分析，构建起基于顾客满意度的物业管理框架，对物业企业提升业主满意度、建立自身品牌以及推动物业行业的健康发展具有一定的参考价值；马德超（2021）认为物业服务企业只有不断提升服务质量，才能在高速发展的社会大环境中脱颖而出，从而经久不衰地发展。

二、住宅物业服务质量研究

服务（Service）是经济社会发展到一定阶段的产物。在社会学意义上，服务是指为别人、为集体的利益而工作或为某种东西而工作。在经济学意义上，服务是指以等价交换的形式，如顾客进行有偿的购买之后所得到的满足感。服务具有四个基本重要特征：无形性、异质性、不可储存性及服务与消费的同时性。

服务质量理论是很重要的管理理论，指研究服务提供者如何使客户满意的理论。服务质量的目的是使顾客满意，提供的服务达到顾客的期望值，以顾客为中心点，把满足顾客的需求作为最终目标。服务企业要更加注重顾客的需求、了解顾客的需求，根据顾客的需求改进服务的质量，最大限度地满足顾客的需求。住宅物业服务主要问题表现在以下几个方面：

（1）运维管理方面。

业主对物业公司的维修服务的意见主要包括维修时间长、维修效果不佳、维修人员态度不好等方面。物业报修不及时，有时候需要多次上门维修才能解决问题，还经常出现多次返修、维修质量不好等问题。公共设施日常的维护不及时，会严重影响社区内娱乐活动；社区儿童娱乐部分设施设备遭到严重破坏，如暴露在外的金属管件，带来了安全隐患。

（2）安全管理方面。

业主对物业公司的安全管理服务不满意的地方有很多，包括社区安全设施不完善、安全巡逻不到位、安全培训不足、车位不足、电动车随便乱停乱放；特别是社区入口的安保措施不够严格，容易出现陌生人进入社区等问题，造成社区人员杂乱。消防安全管理强度不够，部分楼层楼道存在非法占用公共空间的问题，严重影响了消防安全。部分社区没有小型消防站，也没有准备日常的应急物资。

（3）环境管理方面。

环境管理方面的主要问题包括：垃圾清运不及时，做不到及时消杀，长期堆放导致蚊虫乱飞；绿化养护不到位、植被缺失，甚至植被大面积死亡，各种原因导致社区绿化率严重降低；卫生保洁不彻底、卫生处理不到位，社区垃圾桶数量不够多；等等。

（4）客服管理方面。

物业公司在客服管理服务方面存在的问题，主要集中在客服人员素质不高、投诉处理效率低、对业主态度不好、服务过程繁杂等。工作人员少并且专业性差，管家配备的人员不足，一名管家需要负责很多栋楼，导致业务处理不及时，并且处理问题时时常暴露出不专业的问题。客服服务流程较为复杂，上报事情速度慢、反馈慢，甚至一些小事也需要向总部申报，程序十分复杂，导致工作难以开展。

（5）综合管理方面。

这方面的问题主要包括：日常管理混乱，信息反馈不及时、信息公开不及时，管理层决策不明晰，物业费价格偏高、性价比低，社区便民站点少等。典型的问题有以下两点：

第一，日常基础服务不到位，服务质量低。

住宅社区存在物业服务质量不高、物业常规服务内容不规范等问题：一些服务人员水平不高、专业知识掌握不到位；一些服务设施维修维护不及时而影响了业主的正常使用；部分社区存在卫生环境差，垃圾清理不及时的情况；同时还存在物业费收支行为不规范、物业服务未形成完善的管理体系和管理标准；等等。这一系列现象的存在直接影响了社区业主满意度的提升，这些现存的问题要求住宅社区物业服务企业，无论是在基础服务设施建设、硬件维护，还是在服务人员水平、服务标准这些软件上，都要"下功夫"，不断提升物业服务业主的满意度。

第二，服务内容拓展不充分，服务范围小。

住宅社区物业服务内容不够完善。很多人忙于工作，对孩子的代管教育服务需求很大；随着老龄化社会的发展，社区也出现了老龄化社区的情况，很多老人居家养老、入户服务需求增多；随着社会的发展，一些家政服务、代办服务等服务项目的需求也随之增多，但是住宅社区物业企业在拓展增值服务方面没有跟上业主需求的步伐，导致很多业主的需求得不到满足，因此业主满意度无法得到提升。

物业服务企业对业主的服务内容不仅包括日常的和专项的服务，还要扩大特约增值服务的范围，只有保证这三项服务的完善，才能够满足业主不同层面的需求，提高物业服务业主的满意度。但是目前多数物业服务企业都没有此方面的专门知识，也缺少专业的维修队伍与装备，在收到维修投诉时也只能上报相关部门，物业服务企业只起到了中介的作用，并没有将更多的精力放在拓展服务范围上；另外，有时即使提供了一些特约服务，服务内容也没有真正结合具体的业主需求开设或者说没有应业主需求进行较全面的开设，这都造成了物业服务水平低下、业主对物业服务的满意度提升受限的情况。因此，物业服务企业必须认识到业主满意度的提升离不开服务内容的拓展，同时拓展的这一过程也必然离不开对顾客需求的调研，要立足于业主需求进行增值服务的拓展。

三、提升住宅物业服务质量的路径研究

（1）建立完善的员工培训机制。

有针对性地对员工进行培训，提高员工素质和服务技能，特别是针对新员工和基层员工开展入职培训和基础培训，加强对员工服务意识、行为规范、服务流程等方面的培训，提高员工服务水平和服务态度。为每一名员工发放员工服务手册，使他们坚持不断地学习。对于一些文化程度较低的员工开展定期培训。为检验培训效果，还要制定出相应的培训考核方案，为了提高服务人员的工作积极性和服务质量，物业服务企业应该建立合理的激励机制，如薪酬激励、绩效考核、荣誉称号等，让物业服务人员有更多的动力和奋斗目标。

（2）加强管理制度建设。

物业服务企业应该制定一系列的管理制度，明确工作职责、流程和标准。例如，制定员工培训流程、服务手册、工作流程图等，规范物业服务的各个环节，避免服务中的混乱和不确定性。

（3）加强信息化建设。

应加快建设信息化智慧社区，为业主提供便利，提高服务效率和服务质量，建立全面的信息化平台，包括物业管理、业主服务、投诉处理等各个方面，实现信息的实时共享和流转，提高工作效率和服务质量。依靠智能安全设备系统、智能技术保障本社区的安全，提升物业服务质量。

（4）加强沟通和协调机制。

加强建立良好的沟通和协调机制，保持与业主的密切联系，及时了解业主的意见，解决业主所投诉的问题，确保服务质量的稳步提升。物业服务可通过各种

渠道，如电话、微信、上门走访、宣传栏、企业的公众号、业主群等各种形式，及时了解业主对物业服务企业的要求，及时获取业主的反馈，并快速沟通及处理问题，如突遇停电事故，可以及时在公众号和业主群发通知，这样做一方面提升了应对突发事件传播的迅速性，另一方面减少了同一件事情反复回复业主的情况。在与业主沟通时，物业接待人要注意职业的素养，如耐心地解答，事后要做到回访，让业主真正地感受到物业服务企业的贴心服务。

（5）运维管理服务质量提升对策。

维修不及时是社区物业经常面临的问题，只有高效解决业主所面临的问题，才能更好地提高业主满意度。在社区维修管理方面，物业服务企业可以采取以下措施提升服务质量。①提升员工技能。物业服务企业应根据工作需要对员工进行技能培训，以提高员工的技能水平，增强员工的维修服务能力。②建立维修管理规范。物业服务企业应建立维修管理规范，包括工作流程、服务标准、质量验收等方面的规范，确保维修工作按照规范流程进行，提高维修工作的质量。③建立健全投诉处理机制，物业服务企业应建立健全投诉处理机制，确保业主的投诉得到及时解决，避免因投诉未能及时处理而影响业主对物业服务的满意度。

（6）安全管理服务质量提升对策。

以智慧化平台为基础，把监控系统、地下车库系统、社区门禁系统和安全报警系统进行统一设计，建立一套完整的体系。在社区安全管理方面，可以采取以下措施提升服务质量：①定期检查安全设施，物业服务企业应定期检查社区安全设施的情况，及时发现问题、及时处理问题；②加强巡逻，进行排班制，确保每一个时间节点都有值班人员巡逻；③提前制定好应急处理措施和应急预案，确保紧急发生事件时能够迅速应对。

（7）环境管理服务质量提升对策。

通过强化监督和加大处罚力度加强环境保护意识。在社区环境管理方面，物业服务企业可以采取以下措施提升服务质量。①垃圾分类管理。物业服务企业应加强社区垃圾分类管理，确保垃圾得到有效分类处理，减少垃圾对社区环境的污染。②定期处理垃圾。物业服务企业应定期清理各种垃圾和杂物，确保环境整洁。③加强绿化管理。物业服务企业应加强社区绿化管理，定期对花草树木除虫害和修剪，保证社区内的绿化景观效果。

（8）客服管理服务质量提升对策。

在客服管理方面，物业服务企业可以在社区采取以下措施：①为保障业主的合法权益，物业服务企业应加强员工服务质量培训，对员工进行全面的培训，使员工具备扎实的专业技能，更好地开展业务工作；②制定完整的服务管理制度，促使服务规范有序，明确员工职责和服务流程，让业主能够清楚地了解服务标准，更好地享受服务；③建立服务投诉机制，设立服务投诉热线或在线投诉平台，让业主可以随时反映服务问题，同时让物业服务企业及时处理投诉，使业主感受到对物业服务企业的重视和关爱，从而提高业主对物业服务企业的满意度。

（9）综合管理服务质量提升对策。

综合管理服务质量是物业服务企业整体服务质量的重要组成部分，物业服务企业可以在社区采取以下措施提升综合管理服务质量：①合理规划物业管理服务资源，在此基础上，根据社区实际需求，开展全面服务，提高服务质量；②建立信息管理平台，及时了解业主需求和服务状况，提高服务水平和管理效率，让业主可以更好地享受服务；③加强对物业服务企业员工的管理和监督，规范员工行为，确保服务质量。

四、国内住宅业态物业服务企业典型做法分析

1. 万科物业业主满意度提升策略

（1）构建"互联网+"的管理模式。

万科物业通过"住这儿"App打通了线上线下，形成了线上服务线下的管理模式，将管家服务、互动社区、社区电商等几大功能全部整合，包括房屋维修、生活用品采购等都可以一键线上解决，业主在手机上就可以实现业务快速办理，真正体现了"数据多跑路，业主少跑腿"的服务理念，极大地提升了用户的满意度。

（2）给予公共设施管理高度的重视。

维护公共设施不仅能够提升居民的幸福感，同时也有助于提高整个社区的品质水平。因此，在城市建设中要重视公共设施的养护管理工作，通过科学有效的方式对其进行维护和管理。万科物业针对公共设施的管理，制订了一份详尽的保养计划，并进行预防性管理，以确保公共设施的良好运行，且责任到人。另外，

为了更好地筹措维修资金，万科物业让商家按一定比例将资金计入社区的维护基金，这笔资金用来支持公共设施维护，既不会增加业主负担，又提升了社区品质，进而提升了业主满意度。

（3）打造以客户为中心的服务体系。

万科物业尊重客户，以客户为中心。在制度上，制定了明确的服务标准并严格执行。例如，实施"首问责任制"，要求责任人必须尽最大努力为服务对象提供最舒心的服务，最终解决问题。"客户投诉处理流程"等措施均对及时回应、满足业主需求等方面做出了明确的规定，使业主的诉求能够得到及时的反馈，极大地提升了业主满意度。

2. 龙湖物业业主满意度提升策略

（1）制定规范的服务标准。

龙湖物业从"细致度"出发，共制定了约 3000 条的规范标准。2012 年，龙湖物业推出了《龙湖物业服务标准白皮书》，并且对标准进行过多次修改，白皮书中包含了 63 份标准，主要涉及人力资源、业务过程控制、安全保障、园区环境管理等七个方面的内容。这一白皮书的发布，不但为龙湖物业的健康发展奠定了基础，而且推动了物业服务行业规范化建设，对于提升业主的满意度也有着非常关键的作用。

（2）深入挖掘服务需求。

龙湖物业以"深入度"为切入点，不断追求卓越的服务品质，在常规服务的基础上深入挖掘客户的需求，致力于将服务提升至更高层次，并把深度服务纳入统一的客户服务规范。

（3）建立科技物业管理体系。

龙湖物业从"高度"出发，构建了业界首屈一指的科技物业管理系统，运用集成指挥控制中心进行集中管理并配备完善的监管体系和大数据分析系统，这一系列的高科技手段保证了服务有序且高质量地开展，也有效提升了业主接受服务时的体验感，不仅提升了物业服务质量，也提升了物业行业科技化水平。

（4）打造"互联网+"的服务模式。

龙湖物业以"广度"为切入点，致力于研发员工 App 和业主 App，以满足客户多元化的需求。为用户提供线上增值服务，集成指挥中心可直接解决和满足各种问题和需求；并将订单派至公司员工 App，由工作人员现场处理善后事宜。在 App 中，业主不仅可以浏览居民物业费、水费、电费等基本生活开支情况，还可以通过声音或图文等多种方式，实现家庭维修报事、实名认证、与社区内的邻里交流，以及开展二手闲置物品的置换等活动。

3. 保利物业业主满意度提升策略

（1）以业主个性化需求为中心，拓展全渠道增值业务范围。

保利物业以业主的个性化需求为中心，进一步拓展全渠道增值业务区域，将独特的资源优势和品牌价值进行整合，形成多元化的产品生态，最终构建了合理的服务管理体系。同时，保利物业与产业链中的各合作方联合，形成了一个全球价值服务生态圈，让生活更加轻松，人心更加亲近。

（2）明确"大物业"战略，进一步拓宽"盈和环境"范围。

保利物业明确"大物业"战略，进一步拓宽"盈和环境"范围。从基础住宅物业到商务物业，从业主到工作人员，从单一形式到多元化发展，保利物业打破了线上线下的隔阂，实现了线上线下互通，让科技为服务赋能，与商业伙伴一起，实现全新的服务体系。

通过借鉴国内领先型物业服务企业提升业主满意度策略的成功经验，保利物业发现提高住宅业态业主满意度总体来说必须从两个方面出发，齐头并进：一是持续改善服务质量，优化服务水平；二是继续拓展物业常规服务内容以外的其他内容，积极探索和发展增值业务，使物业服务企业的社会增值业务建立在物业服务品质与业主满意的基础上。只有这样才能提升业主满意度，才能实现物业服务企业的长远发展。

第二节 住宅物业管理智能化环境分析

一、物业管理智能化和智慧社区的概念梳理

物业管理智能化是指在物业管理和服务的工作过程中，以先进的科技和信息技术为手段，对物业管理和服务活动进行科学高效的组织管理。物业管理智能化就是通过互联网、人工智能、物联网等技术提高物业管理和服务的效率和质量。运用新型通信技术对信息进行加工传递，然后进行处理；利用互联网实现互通有无，最终高效便捷地服务每个业主。

智慧社区是在"智慧城市"建设的大背景下提出的一种新型的社区服务模式，是基于信息化、物联化、智能化等新兴技术所构建起来的全新社区形态。智慧社区的诞生和发展不仅加速了城市服务的数字化、智能化和人性化进程，也提高和促进了居民的生活品质和社区的可持续发展。

智慧社区是指将现代化信息通信技术应用在社区管理中，提升社区服务水平、居民生活品质和社区管理的效率与便利性。智慧社区不仅影响着社区的安全管理、大数据分析、智慧用能等多方面，也影响着社区的管理模式与理念，推动社区向数字化、网络化方向发展。

在智慧社区中，物业管理扮演着重要的角色。物业管理涵盖了社区的整体安全、设施设备的维护、公共事务的管理等多个领域，因此物业管理理所当然地受到了社区居民的高度重视。

相比于传统的物业管理，物业管理智能化更加注重对业主的服务，不断满足业主的需求，并进一步挖掘业主的潜在需求。物业管理智能化更多地采用智能化设施设备代替人工，有效地解决目前物业服务企业用人成本高和物业服务人员素质较低的问题。物业管理智能化是对传统物业管理的升级，顺应时代和科技的发展，致力于解决物业管理工作中存在的问题，给业主更好的服务。

物业管理的发展与城市规模、经济发展水平和发展理念密切相关。物业管理在我国还是一个新兴产业，随着我国城市化进程不断加快，城市化水平日益提

高，城市人口规模达到前所未有的高度。经过四十多年的发展，特别是最近十几年我国房地产市场的持续发展和繁荣，物业管理行业也处于快速发展之中。同时物业管理也面临新的机遇和挑战，业主对于物业管理的需求和质量要求越来越高，而物业管理智能化是满足业主对更高水平的物业管理和服务需求的一个重要方向。

物业管理智能化是指在物业管理和服务的工作过程中，以先进的科技和信息技术为手段，对物业管理和服务活动进行科学高效的组织管理。住宅业态是物业管理行业最基础、最广泛的一种经营形式，是物业行业发展的基础和柱石。大部分物业服务企业都有布局住宅业态。住宅业态的物业管理模式相对成熟，业主规模巨大，与人民群众的日常生活密切联系。

物业管理智能化以智能化的综合服务管理平台为基础，集安防监控、视频监控、养老保健、智能交通、环境监控、电子支付等多项服务于一体，全面提高物业管理水平与民众生活品质，具有高效性和便捷性、个性化和定制化、交互性和沉浸式、长期收益可观等特点。智慧互联技术的发展不仅给人们的工作、生活、学习和社交带来了巨大的改变，同时给物业管理行业和物业服务企业也带来新的机遇。在 5G 技术、人工智能、云计算、大数据、物联网广泛运用的背景下，众多物业服务企业已经开始建设智慧物业服务平台，尝试借助现代先进的信息化手段与各类电子商务平台联系起来，跟上社会发展的潮流，获得更好的发展。物业管理智能化是现代化物业管理未来发展的必然走向和趋势。目前，全国的物业服务企业有数万家，物业行业从业人员超过百万。然而在物业服务企业发展的过程中，大多数都会伴随着与业主的纠纷和冲突，主要原因是物业服务企业"承诺多，兑现少；制度多，实施少；收费多，办事少"。透过现象看本质，更深层次的原因是传统的物业服务企业跟不上时代和业主的需求，因此，物业行业要追上社会的发展，物业管理智能化是大趋势。

在物业管理中运用互联网和信息技术将住宅社区内的物业设备设施和物业服务人员进行有效的连接，通过智能控制系统实现物业管理智能化；此外，还要培养具备专业技能的物业服务人员、构建合适的物业组织结构、制定物业服务标准。将物业服务管理工作不断优化改进，让物业服务人员与智能化系统更好地结合，实现高效的物业管理智能化。物业服务企业在社会突发事件防控中发挥的巨大作用，使政府、社会和人民群众对物业服务企业在社区治理和公共服务领域中所发挥的价值有了新的认识和理解。物业服务企业在构建新型社区治理格局中的价值得以凸显，这进一步推动物业服务企业深入参与到社区治理和公共服务中。互联网、人工智能等先进技术的发展和智慧社区的建设也为物业管理智能化发展提供了良好的机遇。

物业服务企业应该重视与业主保持良好的关系，及时满足业主不断变化的需求，提高物业服务质量。企业要想实现经营利益的最大化，应以顾客对服务的高要求为目的，通过提高企业自身的服务水平，给予顾客优质的服务。智慧社区的建设面临的一大困难是管理团队，面临的问题包括组织框架缺乏、专业人才缺乏以及沟通不畅。建设智慧社区应该尽快建立一个高水平的团队，建立一个运行高效的组织结构和沟通渠道，以最大限度提高生产力。在智慧社区开放问题中，安全概念是一个会引起大量关注的具有挑战性的问题。由于智慧社区的基础设施是物联网，网络攻击将是一个巨大的威胁。因此，如何提供安全可靠的环境可能是未来智慧社区建设面临的另一个重要挑战。

我国物业管理智能化起步较晚，物业管理智能化的相关理论研究和实践探索较少，但由于发展水平、技术、观念等原因，物业管理智能化的发展较慢。随着互联网、人工智能、数据和云计算等技术的快速发展，物业管理智能化得到了较快发展。

二、住宅业态物业管理智能化环境分析

（1）内部环境分析。

物业管理智能化可以降低物业服务企业的成本。物业服务企业很大一部分的成本就是人力成本，物业管理智能化可以运用智能化设备减少物业服务人员的数量，从而减少工资、福利费、保险等用人成本。

物业管理智能化可以提高物业管理的工作效率，通过网络平台处理各种物业管理事务，简化工作流程、加强沟通交流，有效提高工作效率。物业管理智能化通过智能化设备和手段对物业服务人员进行监督，促使物业服务人员提高服务质量。

使业主生活更便捷，提高业主满意度，提高物业服务费收缴率。通过物业网

络平台或物业 App，业主可以实现线上缴费、线上报修、特约服务和专项服务等，足不出户便可以处理物业事务和享受物业服务。物业网络平台或物业 App 为业主合理评价物业服务质量提供了便捷高效的途径，过程更加公开透明。业主可以通过物业网络平台或物业 App 提出意见、评价物业服务水平，物业服务人员可以在物业网络平台上处理业主意见，提高物业服务质量，提升物业服务企业形象和业主的满意度。

增加物业服务企业的收入，调整物业服务企业的收入结构。在传统物业服务企业的收入中，物业服务费占到了90%，而利用智慧物业平台或物业 App 开展多种经营，除基础服务外可以开展特约服务、专项服务，拓宽物业服务企业的收入渠道，如在物业网络平台做社区商城、帮助业主代订机票和酒店、代取快递等，此举可以优化物业服务企业的收入结构，提升物业服务企业的抗风险能力。

物业管理智能化设施设备投入较大，在住宅业态推广物业管理智能化需要智能化设施设备、智能化系统和软件，这些都要投入大量资金，相比于普通住宅社区，前期资金投入较大，因此风险也较高。

对物业服务人员要求高。物业管理智能化对于物业服务人员的知识水平、专业知识、管理经验有较高的要求。物业管理智能化要求懂得智能化设备运行、维护保养的专业人员。目前来看，大部分物业服务企业员工的技能和知识水平偏低。

物业管理智能化系统规划、设计、施工和安装复杂，难度大。物业管理智能化系统包括许多子系统，子系统又包括许多设施设备和软件，规划、设计、施工和安装的过程复杂、周期长，需要分包给不同的企业或组织完成，施工组织、物业服务企业、建筑设计部门、系统集成和智能设施设备供应商之间协调沟通难度大，难以统筹合作；同时，还存在物业管理智能化设备选用不当，系统搭配存在问题，难以发挥物业管理智能化系统的作用，导致频频出错，损耗严重。

物业管理智能化系统维护成本高，物业服务企业不仅要关注物业管理智能化系统的功能和稳定性，还要重视物业管理智能化系统的安全防护和网络保护。如果在物业管理智能化系统的设计和使用过程中网络安全防护措施不到位，遭受网络攻击，也会造成智能化系统的故障和瘫痪，因此安全防护的成本较高。除此之外，还要对物业管理智能化的设施设备定期保养和检修，确保物业管理智能化系统的正常运转，这方面的成本也较高。

（2）外部环境分析。

政府大力支持物业管理智能化的发展。2020 年 12 月，住房和城乡建设部、工业和信息化部、国家市场监督管理总局等六部门联合印发的《关于推动物业服务企业加快发展线上线下生活服务的意见》指出，加快建设智慧物业管理服务平台，补齐住宅社区服务短板，推动物业服务线上线下融合发展。

互联网技术、软件技术、信息技术、人工智能、智能机器人等技术的发展，为物业管理智能化提供了机会和奠定了基础，随着这些技术的发展和成熟，物业智能化设备的采购成本会更加低、功能更加强大，维护保养更加简单，设备之间的连接更加兼容。

随着科技进步和社会发展，人们追求更加舒适和安全的居住环境、更加便捷的物业服务。推广物业管理智能化从根本上是为业主服务，业主的支持必不可少，业主的支持将为物业管理智能化发展提供良好的氛围，减少在住宅业态推广物业管理智能化的障碍。

在住宅业态进行物业管理智能化没有先例可循。目前，物业管理行业内对物业管理智能化没有统一的认知和定义，各个物业服务企业按照自己的理解进行物业管理智能化或者直接照搬外国的发展经验，造成混乱和无序发展。

目前，我国关于物业管理智能化方面的法律法规还不完善，物业服务企业没有相应的法律作为发展的参照，在一定程度上阻碍了物业管理智能化的发展。

三、智慧社区物业 App 平台简介

我国物业管理行业经过几十年的发展，已取得显著的成绩，管理领域逐渐拓宽，服务模式不断创新。行业发展的同时也出现了不少问题，传统意义上的物业管理服务模式已无法满足业主的多样化需求，我国物业服务企业应顺应时代的发展，从建设智慧社区的视角出发，建立自己的品牌优势，进行资源整合，依靠智慧社区物业 App 提供更具特色的物业服务。

物业 App 是一种基于互联网技术的高效、便捷、智能的社区服务平台。物业 App 集成了社区管理、物业服务、公共信息、安全防范等多种功能模块，用户可以通过手机端随时随地享受到便捷而贴心的服务。

此外，物业 App 还具有一定的创新性和颠覆性。传统的物业管理模式中，居民服务需要通过物业服务企业的门店或电话服务进行预约，稍有瑕疵或效率低下，都会对服务质量和用户体验造成不良影响。然而，在物业 App 的支持下，居民可以通过手机随时使用预约维修、投诉建议等服务，可以更加方便、快捷地解决或消除居民的生活问题或者安全隐患，提高社区管理服务的拓展性和精准度。

物业 App 作为物业管理智能化的代表，集成了很多智能化的物业功能，如物业缴费、报事报修和社区资讯等。通过物业 App，居民可以方便快捷地进行物业费用管理及缴纳、报修、社群互动等，而且物业 App 能够有效地实现物业管理与业主之间的互动与沟通，加强业主对物业服务的监督和反馈。

总之，智慧社区的兴起和物业 App 的出现，产生了改变传统物业管理的方式和思路，不断优化了社区服务管理的体系和机制，促进了社区信息化和数字化的大发展。近年来，随着智慧社区建设不断深入，物业 App 也越来越受到广大物业服务企业和居民的欢迎和青睐。

随着数字化时代的到来，各行各业都在积极转型升级，物业行业也不例外。智慧住宅物业 App 的推行，成为物业管理迈入数字时代的一次重要尝试。然而，在实际的推行过程中，不难发现，智慧社区物业 App 推行中存在一些问题。

首先，部分业主对智慧社区物业 App 的使用并不熟悉，无法真正发挥其所具备的作用。其次，智慧社区物业 App 的界面设计和功能设置并不够友好，缺少人性化的体验，对用户造成不必要的困扰。此外，一些物业服务企业推行智慧社区物业 App 的动机仅仅是为了跟上时代步伐，缺乏实用性的考虑，导致其在推广过程中遭遇了极大的困难。

不应该忽视智慧社区物业 App 推行中所具备的重要意义。智慧社区物业 App 的推广，可以大大减少管理方在人力、物力等方面的成本，使管理更高效、更快捷。同时，智慧社区物业 App 的推广也有助于改善社区居民的生活质量和居住环境，提高物业服务的质量和层次。

综上所述，需要从业主使用习惯、App 设计、物业服务质量等多个方面寻找应对策略。比如，对于业主来说，物业服务企业应该积极开展宣传教育活动，让更多的业主了解智慧社区物业 App，提高使用率。对于 App 设计来说，物业服务企业应该注重用户的使用体验，多方收集反馈意见并优化产品，使 App 更具实用性和人性化。在改善物业服务质量方面，物业服务企业应该加强员工培训，提高服务态度和能力，以更好地满足业主的需求。

在智慧社区物业 App 的推行过程中，随着互联网技术的持续发展和普及，智慧社区物业 App 已经逐渐成为物业管理的主流趋势。在国外，一些国家的物业管理公司已经非常熟练地应用智慧物业 App，在工作效率、服务质量等方面取得了显著的提升。例如，美国的物业管理公司 Rock Solid Properties 就开发了一款名为 "Rock Solid 物业管理" 的 App，通过 App 业主可以实现在线下单、缴费、报修等，物业管理公司可以为业主提供更加便捷和高效的服务。

在国内，在智慧社区物业 App 推行方面也取得了一定的进展。例如，万科物业以 "睿服务" 体系和传统物业服务的高度整合与管理实践为研究对象，高度总结 "互联网+物业" 管理模式的发展现状及未来，深度探索智慧社区的物业发展策略制定与措施落实，为 "互联网+" 智慧社区未来的发展提供一定的参考和借鉴。

在推行智慧社区物业 App 的过程中，应该采取相应的应对策略。例如，对于用户使用体验不佳的问题，可以通过定期收集用户反馈意见，及时进行优化和升级；对于缺乏数据共享的问题，可以树立业主共享的意识，建立信息共享机制，扩大数据共享范围。

四、物业 App 平台推行面临的困难分析

近年来，随着智能手机等智慧设备的普及和物联网技术的发展，智慧社区建设迎来了发展的良机。住宅物业 App 也应运而生，作为智慧社区管理的重要工具之一，其推出初期受到了社区业主的热烈欢迎。但是，在推广过程中，物业 App 也存在了一系列问题。

在 App 的推广过程中，推广的力度和反馈的效果不算太好，部分社区业主对于物业 App 并不了解，且还有小部分社区业主并不买账，甚至表示拒绝使用该 App。其原因在于，部分业主对于新技术的接受度不高，还有一些业主认为使用 App 不方便，打电话与物业沟通更为直接有效，且市面上的交叉功能 App 存在竞争关系，物业 App 并不存在明显优势。在这种情况下，推广 App 的难度非常大。

在 App 推广过程中明显表现出物业服务企业人员的专业水平有待提高，对于

物业 App 的内核了解不够深刻，仅停留在表面内容，无法简单明了地为业主提供关键信息，对于一些专业性的知识也是含糊不清，在一定程度上影响了物业 App 的推广使用。

即使是使用了物业 App 的社区业主，也反映出了一些问题。比如，物业 App 功能不全，页面也不够清晰明了，同时板块分散且流程复杂，在使用过程中还会存在漏洞和不稳定等问题，其中不乏系统崩溃或数据丢失的情况。这些问题严重影响了业主对 App 的信任度和使用体验。

同时，物业 App 在推广过程中还面临着技术难题。物业 App 需要与各种硬件设备、保安系统、管理系统进行对接，并需要增加物业服务相关的功能，如维修工单、缴费模块等。这些都需要比较高的技术门槛与投入，给 App 开发人员带来了巨大压力。

物业 App 的推行面临着许多挑战和问题，其中存在着不少内部原因。在物业服务企业和物业 App 的技术开发中存在如下问题：

首先，许多物业服务企业缺乏自身的技术开发能力，因此只能选择第三方开发人员进行 App 的开发。这种方式存在着一定的风险，可能会导致 App 无法满足物业服务企业的具体需求。此外，开发过程中的管理和沟通也是一个长期存在的问题。物业服务企业与开发人员之间合作不畅，很难准确地理解和传递双方的意图和要求。这些情况可能导致 App 的内容和功能无法满足用户的需求，进而影响使用体验，而且物业 App 作为一款移动设备上的应用，在用户操作时需要满足较高的实用性和易用性要求。一些应用在设计上不合理，操作流程复杂，使用效率低下，甚至出现了一些 Bug，导致用户对这种 App 的评价不佳，而用户体验不好，也会对 App 的推广和使用产生一定的阻碍。

其次，App 的定位和功能设计也是一个需要考虑的问题。物业服务企业在开发 App 时应该充分考虑到目标用户的需求和使用场景，将 App 的定位和功能设计做到精准。如果 App 的功能设计与用户需求不匹配，或者定位不准确，那么 App 的使用效果肯定会受到很大的影响。在设计 App 时，物业服务企业应该加强市场调研，了解社区居民的需求和使用情况，以及竞争的激烈程度，避免功能重复或过度开发，使 App 更加便捷、实用、可靠。

内部原因中存在着人员培训问题。智慧社区物业 App 是一个新兴的应用领域，物业服务企业缺乏相应的人才储备，缺乏相关技术的知识和经验。物业服务企业在 App 的推行过程中需要培训相关人员，让他们掌握 App 的使用技巧，并将其推广至社区居民中。在人员培训的过程中，物业服务企业需要对其员工进行定期的培训，以提高他们对 App 的使用技能，从而更好地服务社区居民和业主。

物业 App 的推广面临着许多内部原因的挑战，包括开发方面的问题、人员培训的问题与 App 的定位和功能设计等问题。针对这些问题，物业服务企业可以采取有效的策略和措施，为 App 的推广和使用铺平道路。比如，通过建立内部技术研发团队，强化内部人员的培训和技能提升，与开发人员建立良好的沟通和合作机制等，这些措施都能有效地提升 App 的使用效果，帮助物业服务企业更好地服务社区居民。

物业 App 的推广受到外部因素的影响，其中一些因素可能是不可控的。政府政策的支持和用户的个人意愿等都是物业 App 推行中存在的外部因素问题。

想要推进智慧城市建设进程，实现物业 App 的普及推广，政府的政策尤为重要。由于居民传统的物业服务需求和社区管理意识的滞后，其对于物业 App 和智慧社区的需求和认知存在差距，在没有相关政策推动的情况下，物业 App 很难在竞争的各类 App 中拔得头筹。

此外，物业 App 的推广需要社区居民的积极参与和支持。但是，许多居民对于这种新型的物业管理方式并不了解或不熟悉。一部分居民持观望态度或者对此持怀疑态度，从而影响 App 推广的效果。在物业 App 推广初期，很多用户对于这种新型的手机应用存在着一定的陌生感和排斥感，不愿意尝试使用。即使有些用户使用了 App，也常常出现不了解各个功能模块的使用方法及其优势的情况。这种认知不足增大了 App 的推广难度，进而导致用户黏性不足、推广成效不佳。

与此同时，物业 App 需要物业服务供应商和建设者的配合，当前市场上可提供这方面服务的公司较少，这导致物业 App 的推广和服务水平的提升存在困难。

物业 App 推广中还存在着平台的依赖问题。目前的社区 App 平台众多，而且更新迭代较快，不同平台之间的互通性也有一定的限制。对于小型物业服务企业而言，要在多个平台上发布信息，并进行管理，会面临很大的体力和时间上的压力，这也会影响到物业 App 的推广。

社区结构和环境的差异，随着城市社区的不断发展，不同社区的结构和环境存在差异。在实际应用中，物业 App 需要做到适应不同社区的需求，但是这需要精细的数据分析和软件开发，因此现阶段的 App 可能并不能满足所有社区的需求。

行业的专业性要求高，且物业管理的行业性质较特殊，需要涵盖多个领域的专业知识；由于需要持续地提供高质量的服务，这种特殊性使物业管理行业需要高水平的专业人才，这种需求也会成为 App 推广的难点。

五、大力推广物业 App 平台的路径研究

（1）政府层面。

在物业 App 推行中，政府层面是关键的推动力量之一。物业管理服务的模式转变方面，居民对于智慧社区的认识和接受度有待提高。由于居民物业服务需求和社区管理意识的滞后，其对于物业 App 和智慧社区的需求和认知存在差距，导致在推广过程中存在一定的阻力，难以受到居民广泛认可。

政府可以制定相应的政策法规，加强对智慧社区物业 App 的扶持和引导，使其逐步普及和推广。

一是政府可以出台相关的补贴政策。通过对推广智慧社区物业 App 的企业或物业服务企业进行资金奖励，扶持其普及和推广。

二是政府可以加大宣传力度。在城市建设规划中，将智慧社区物业 App 的推广列入其中，鼓励市民使用，提高市民对智慧社区物业 App 的认知度和使用率。同时，在街头巷尾，通过各种媒体手段进行宣传，将智慧社区物业 App 推广给更广范围的居民。

三是政府可以促进产业链的发展。政府可以通过招商引资等方式，吸引智慧社区物业 App 相关的科技企业在当地发展，提供更加完善的技术和服务支持，为推广智慧社区物业 App 打下良好的发展基础。同时，政府还可以把物业管理公司纳入推广计划，建立政府、企业、物业服务企业三者的合作机制，共同推动智慧社区物业 App 的推广发展。

总之，政府在智慧社区物业 App 推广中起到了至关重要的作用。合理运用各种政策和手段，积极助力智慧社区物业 App 的推广发展，将有助于提升社区居民的生活质量和幸福感，促进城市的科学发展和宜居化建设。

（2）企业层面。

企业层面是物业 App 推行中至关重要的一环。在智慧社区建设方面，物业服务公司的整体素质和服务水平存在较大差异，导致 App 实施推广中存在系统不稳定的问题，物业服务企业人员的专业素质不高、服务意识不强、对于物业 App 的阐述复杂不便于理解、信息同步不到位等，这些问题也会影响居民对 App 的使用感受和接受程度。

首先，物业服务企业应该积极推进智慧社区建设，提升智慧社区物业服务，更好地满足用户需求。随着智能化设备的不断推广，物业服务公司的相关人员也需要相应地学习和进步，了解相关的专业知识，明确物业 App 的运行理论等相关内容。因此，需要进行定期的员工培训，提高服务水平，以充分的准备满足用户对物业 App 的需求，不断优化用户体验。

其次，物业服务企业需要与政府和用户密切合作，形成合力。物业服务企业可以通过参与政府政策制定、与业主合作推进智慧社区建设、根据用户需求优化服务等方式与其他各方协作，共同促进物业 App 的推广和应用。

最后，物业服务企业应当制订详细的计划和策略，明确目标和路线，提升推广效果。在制订计划和策略时，应该注重市场调研，了解用户需求，把握市场趋势，从而有效地提升推广效果和用户满意度。

综上所述，物业服务企业的运营和管理理念、管理体系、组织架构等均需要进行全面的升级与改造，以更好地适应智慧社区的推广和发展的需求，并更好地实现物业管理与服务的全面升级。积极推进智慧社区建设，共同合作，并制订具体的计划和策略，更好地满足用户需求，以推进物业 App 的普及和应用。

（3）用户层面。

推行物业 App 时，用户层面也是一个重要的考虑因素。以下是几个应对策略：

提供个性化服务：用户的需求不同，因此提供个性化服务将更有吸引力。针对不同居民群体的需求差异，物业服务企业需要结合实际情况，量身打造个性化的服务方案，提供更为全面、便捷、高效的智慧社区服务。例如，物业 App 中的信息和服务可以根据用户的社区和住户编号进行筛选，以使用户快速找到仅与其相关的内容。

强化用户互动：建立用户社区和论坛可促使用户之间长期交流互动。通过用户社区，物业服务企业能够了解用户的需求和反馈，以及提供公共产品和服务的更新。

关注用户隐私保护：物业 App 需要用户提供个人信息及房产信息，因此隐私保护显得尤为重要。物业服务企业应该依照法律法规，完善保密制度，并通过权限控制等措施，保障用户的数据安全。

提供简单易用的界面：用户界面的设计应该便于用户理解和操作。物业服务企业需要提升物业 App 的适用性和高可用性，减少用户在使用 App 时遇到的困难和问题，从而提高用户的使用体验和忠诚度。

综上所述，针对用户层面面临的问题，物业服务企业可以通过提供个性化服务、强化用户互动、关注用户隐私保护以及提供简单易用的界面等措施，促进物业 App 的推广与应用。

（4）技术层面。

物业 App 的推行是一个不断变革、持续推进的过程，技术层面的因素必不可少。在物业行业智慧化推广中，技术支持及系统完善方面仍存在不足。物业服务企业需要不断探索新的智能化技术方案，完善信息化平台，提高智慧社区物业 App 服务和管理的技术水平。

物业 App 需要具备良好的技术支持，包括系统的稳定性、数据处理能力以及信息安全保障等方面。同时，物业服务企业需要建立专门的技术支持团队或与相关机构合作，确保 App 的信息安全和运维。实时的信息更新也非常重要，包括社区户型、业主信息、物业费用等信息。及时高效的信息更新，可以使 App 更好地服务用户，并且保证信息的真实性和准确性。物业 App 的推行需要有完善的运营管理，以提高服务质量和用户满意度。在运营管理中，物业服务企业需要关注用户反馈、数据分析、市场营销等方面，不断优化 App 的功能和服务。物业 App 所涉及的模块较多，涵盖物业管理、安全、清洁、社区活动以及社区服务等多个方面，而实施过程中，各个板块之间缺乏有效整合和协调，导致各板块信息孤立，无法形成整体效应。

在解决以上技术层面的问题时，可以采取以下应对策略：

第一，建立专门的技术支持团队或与相关机构合作，保证 App 的信息安全和运营。

第二，建立完善的信息管理体系，保证信息的及时更新和准确性。

第三，建立并完善市场营销策略，提高 App 的知名度和用户满意度。

第四，通过各板块之间的相互联系，协调整合，使各功能板块清晰明了。

第三节　住宅物业管理智能化案例研究

党的二十大报告指出，"加快建设制造强国、质量强国、航天强国、交通强国、网络强国、数字中国"。我国经济社会各方面正加速数字化转型。打造各领域数字空间，推动生产生活和社会治理的数字化转型，是未来发展的必然要求。

保利物业作为国内较早开展数字化转型的物业服务企业之一，积极探索数字技术在提升智能社区、公共服务、社会治理等方面的深度应用，响应人民对于美好生活的向往。保利物业智慧服务模式试点已取得了显著成效。

提升精益化管理能力聚焦智慧社区建设，住宅社区是居民生活的主要空间，是基层社会内容。住宅物业管理不仅关系着群众生活品质，而且关系着城市安全运行和社会稳定。面对环境与市场的变化，传统单项目管理模式的弊端日益暴露，通过规模效益降低成本成为物业行业发展的必然趋势。

在此背景下，保利物业服务模式基于规模和密度效应，打破邻近多个社区服务边界，整合人、财、物等各项资源，并以数智工具为支撑，推动业务模式变革，实现集约化管理和高效运作的服务模式。

组织变革，实现管理精益，通过打破社区管理边界，整合管理团队，实现从单项目到片区化的组织架构变革，推进项目管理层级人员精益，提高人均管理效能。以模式变革，实现经营品质双提升，通过整合共性业务，实现规模运作，将释放的人力投入对客户的服务，强化与客户联系，提升服务品质。结合数智工具，对传统基础物业服务场景、运营决策方式进行创新升级，改变传统作业流程和管理服务模式，实现经营、管理、服务效能多方位提升。以国家相关智慧社区政策为导向，结合社区客群特征与实际需求，打造贴合政策基调、满足客户需求、具有突出特色的社区生活服务中心，为客户提供更加贴心的增值服务，提升品牌影响力。

区别于传统服务模式，这种集约化管理和高效运作的服务模式本质特征主要有两方面：一方面，基于距离优势，通过业务模式变化，实现资源的整合与高效利用，将规模效应转化为规模效益；另一方面，以数智工具为支撑，替代部分作业，释放人力，同时，提高组织决策效率，降低因服务范围变大而带来的管理难度。

数字赋能加速智能化服务和科技化管理。随着数字经济不断发展，数字技术不断拓展着智慧便利生活的边界，展现出为美好生活、经济发展和社会治理赋能的强大影响力。近年来，保利物业持续加大数字化与科技化领域的投入，加快推进数字化工具赋能业务和管理，通过深度应用各类内控系统，实现赋能管理更及时、更精准、更高效，赋能成本和费用管控更有效。保利物业智慧化片区的打造，离不开智慧服务系统的有力支撑。

保利物业项目以"组织精益、提质增效、打造品牌影响力"为目标，结合片区特点，开展了一系列的线上服务工具，小程序线上办理、门禁卡办理、车牌更换、服务评价等，让业主足不出户即可快速办理业务。智能化系统主要有以下几方面：

电梯系统：降低电梯维保的管理成本，加深业主居家对电梯的了解，上线电梯维保管理工具，简化特种设备监管难度，让传统线下人盯人的监管过程实现线上化，解决因人员配置而无"旁站"的矛盾，提高电梯运行质量，让业主通过小程序就能关注到电梯的安全状况，让业主住得安心。

监控系统：社区监控管理系统是一种基于云计算技术的智能监控管理系统，主要用于社区、商业区等场所的视频监控、报警、巡逻等管理工作。为加大社区安防力度，智慧化片区试点项目结合自身资源，在原有监控设备的基础之上，加装高空抛物摄像头，可精准监控实时动态，将高空抛物等不文明行为"尽收眼底"，让业主居住得更安心、更舒心。

智能车场系统：为让业主出行更便捷、减少排队拥堵的情况，提高车辆通行效率，提升服务便捷性，各试点项目在车场添置智能车场系统。

优化服务方式提升美好生活品质，在为居民提供便捷服务的过程中，保利物业始终在不断积极探索数字化智能服务。智慧片区自打造以来，为业主报事、出行、居住环境、服务响应度等方面带来了更多便捷。

通过一系列智能化系统，业主可通过线上服务工具快速完成缴费、车牌更换、门禁卡办理、装修办理、动火作业申请、高空作业申请、出入证办理、出行条办理、报事报修、社区文化活动报名等服务，不仅让社区生活更便捷，也为片区化前台集中办公提供更有力的服务保障。作为社区基层治理的重要参与者，保利物业正逐步从"人治"向"数治"转变，将数字经济优势转化为数字治理优势，为业主提供更细致的服务。

第四节　住宅物业管理智能化模式研究

一、物业管理智能化的组成

（1）智能门禁系统。

在住宅业态一般采用封闭式管理，不允许外来陌生人员随意进入。社区的门禁系统依靠智能刷脸和刷卡实现进出社区和单元楼，有效防止外来人员的随意进出，保证了社区业主的生命财产安全。

（2）智能照明系统。

智能照明系统应当达到安全适用和经济美观的要求，创造一个舒适美观的照明环境。社区的智能照明系统包括走廊、户外道路、楼梯等公共区域的照明和应急照明两部分。社区的智能照明系统采用感声方式，做到人来灯亮，人走灯灭，在有效地节约能源的同时便利了业主的生活。

（3）监控系统。

监控系统可以实时真实地反映住宅社区公共区域的情况，社区的监控摄像头主要分布在各主要出入口和通道、重要设施设备和地下车库，以智能球形摄像机和红外一体摄像机为主。监控室有物业服务人员 24 小时值守，可以做到发现异常情况及时处理。

（4）电子巡更系统。

社区的电子巡更系统是物业服务人员监督和保证安保人员定时按规定路线巡逻的一种有效手段。电子巡更系统督促安保人员按时按规定路线巡逻，降低了物业管理者的工作强度。

（5）智能消防系统。

高层建筑发生的火灾具有火势大、火焰蔓延速度快、救援难度大的特点，一旦在高层建筑发生火灾，则主要依靠高层建筑自身的消防系统进行灭火。社区的智能消防系统包括火灾自动报警系统和自动灭火系统两部分。

（6）物业 App 和智慧物业平台。

业主通过物业 App 就可以处理物业事务和享受其他服务，物业服务人员可以通过物业 App 查询各种数据、观察了解物业现状、处理业主反馈和意见等。物业服务人员通过平台为业主服务，实现住宅业态物业管理智能化。物业 App 提供物业基础服务、特约服务和专项服务，链接各类电子商务平台，为业主居家生活提供便捷智慧化的体验。

二、管理层面

（1）企业战略。

在物业服务企业战略的角度确立物业管理智能化地位，将住宅业态物业管理智能化确定为物业服务企业的战略。这样才能从长远、全面、系统的角度制定住宅业态物业管理智能化的策略和方案，集中物业服务企业有限的资源，贯彻执行企业战略，保障物业管理智能化的成功实现。

（2）组织结构和人员配置。

在住宅业态的物业管理智能化应建立扁平化的组织结构，便于沟通交流和命令的传达。减少物业服务人员数量，日常物业管理事务由网络智能客服处理；由于物业管理智能化对专业技术人员的要求较高，因此招聘具有物业管理和智能化知识和能力的物业员工。根据不同的服务水平进行人员配备，可以分级管理。

（3）财务评价和成本控制。

根据物业服务企业的资金状况来进行物业管理智能化。分析预测住宅业态物业服务项目的财务效益与费用，判断物业服务项目的投资可行性，为物业服务企业是否在住宅业态进行物业管理智能化提供可靠依据，做好住宅业态物业服务项目的成本控制。

（4）企业文化。

将物业管理智能化融入物业服务企业的企业文化，让物业管理智能化在企业的物质文化、制度文化和精神文化中体现出来，制定统一的标志、标语、服饰等，潜移默化地熏陶物业服务人员的观念。

三、技术层面

在住宅业态中，物业服务企业的资金、管理水平各有差异，住宅社区的情况也千差万别，因此在住宅业态进行物业管理智能化不能一概而论，要因地因时制宜，根据具体情况确定发展模式。将住宅业态物业管理智能化技术体系分为以下三个级别的服务：

（1）一级服务。

物业服务企业拥有足够的资金，住宅社区基础设施和设备完备健全，业主可以接受较高的物业服务费。

①物业服务企业购买或开发物业管理智能化的网上平台或物业 App，将物业的常规性的公共服务、特约服务、专项服务转移到网上平台或 App，业主就可以通过 App 快捷便利地享受到各种服务。

②建立物业的公共安防系统，包括出入口控制系统、入侵报警系统、监控系统、安保人员电子巡更系统、内部对讲系统、访客管理系统、停车管理系统七部分。

③建立物业设施设备监控系统，包括给排水设备监控系统、暖通空调设备监控系统、照明监控、供配电监控、电梯监控五部分。

④建立火灾报警与自动灭火控制系统。

⑤建立住宅社区广播系统。

⑥清洁、秩序维护和安保的智能化，根据实际情况，采用一部分智能安保、清洁机器人来代替人工。

（2）二级服务。

物业服务企业资金有限，业主接受中等水平的物业服务费。

①物业服务企业购买或开发物业管理智能化的网上平台或 App，可以只开发常规性物业公共服务，减少开发成本。

②建立物业的公共安防系统，包括出入口控制系统、监控系统、安保人员巡更系统、访客管理系统、停车管理系统五部分。

③建立物业设施设备监控系统，包括给排水设备监控系统、照明监控、供配电监控、电梯监控四部分。

④建立火灾报警与自动灭火控制系统。

⑤探索建立与物业管理智能化相适应的组织结构。

（3）三级服务。

物业服务企业没有足够的资金，住宅社区老旧、设施设备不健全或受到损害，业主只能接受较低水平的物业服务费。

①可以不开发物业管理智能化的网上平台和 App，采用人工客服处理物业管理事务。

②建立物业的公共安防系统，包括出入口控制系统、监控系统、停车管理系统三部分。

③建立物业设施设备监控系统，包括照明监控和电梯监控两部分。

④建立火灾报警与自动灭火控制系统。

四、服务层面

（1）尊重和满足业主需求。

物业服务企业在进行物业管理智能化时不能只考虑如何方便物业服务人员的工作，还要考虑业主的需求，住宅社区的业主是物业管理智能化的直接受益人，在开展物业管理智能化时应该充分了解和听取业主的实际需求，使物业管理智能化的实施更加符合业主实际需求，提高业主满意度。

（2）数据安全与个人信息保护。

随着互联网和信息技术的发展，业主对个人信息的保护更加敏感。在推进物业管理智能化的过程中，业主作为物业管理智能化的使用者会被采集并产生大量涉及个人隐私的数据。物业服务企业应当保护业主的个人隐私数据不被任意收集、泄漏和非法售卖。一旦发生此类事件，业主对物业服务企业的信任会大大降低，这对物业服务企业是致命的打击。物业服务企业要在物业管理智能化的设计和运行时充分考虑到业主个人信息的保护。

（3）宣传教育。

物业管理智能化可以提升业主的生活水平，住宅业态业主人数众多，在住宅业态顺利进行物业管理智能化，要争取大部分业主的支持，营造一个利于物业管理智能化发展的环境。物业服务企业和物业服务人员应通过口头、宣传栏、传单和网络平台等渠道向业主宣传物业管理智能化的概念和优势。在住宅社区成立小型培训班，帮助那些对物业管理智能化软件和设施设备使用不熟练的业主熟悉应用，以提升业主对物业管理智能化的接受度。

第四章　高校物业管理的困境及路径研究

第一节　高校物业管理的研究现状

一、高校物业管理的政策研究

高校物业管理是指对高等院校内物业设施的全面管理和维护，包括固定资产维修、保养、更新、安全巡查、清洁保洁等，旨在保障学校广大师生的正常教学和生活秩序。

高校物业管理涉及面广、管理工作烦琐，由此，对物业服务质量的要求也越来越高的同时，对物业管理人员的素质和能力也提出了更高的要求。为了提升高校物业服务质量、加强管理，需要建立一套科学的管理体系和先进的管理方法和手段，提高管理的标准化和专业化水平。由此可见，构建标准化的高校物业管理服务模式必要性越发明显，同时，良好的物业管理有助于推动我国高校加快实现"双一流"建设步伐。

高校后勤社会化改革已历经三十余年，我国高校物业服务逐渐步入健康、标准、便捷发展的轨道。在 2021 年 3 月发布的《中华人民共和国国民经济和社会发展第十四个五年规划和 2035 年远景目标纲要》重点提出，"建设高质量教育体系"。在当前国家政策大力引导、高校物业服务需求趋于多元化以及持续释放市场空间的大环境下，厘清当前高校物业服务行业发展现状及趋势，不断完善学校物业服务体制机制，增加优质物业服务企业的数量，深化高校物业"服务育人"的管理理念。随着高校规模的不断扩大，物业管理的难度也越来越高。传统的物业管理模式已经不能满足高校的需求，因此，智慧物业管理的引入变得尤为重要。随着信息技术的发展，高校物业管理面临着越来越多的挑战。智慧物业管理作为一种新型的管理模式，为高校物业管理提供了更多的可能性。物业管理是高校后勤工作的重要组成部分，高校物业管理在为师生提供安全、便捷、优质的生活服务的同时，也在不断提升自身的服务品质和管理水平。

为落实《中国物业管理协会发展规划（2019—2023 年)》和《中国物业管理协会标准化工作委员会发展规划（2019—2023 年)》要求，结合高等学校"立德树人"的根本任务及物业管理实际，运用服务蓝图（SB）技术、服务接触理论，参考服务认证系列标准框架，计划编制《高等学校物业服务规范》。旨在提升高校物业服务质量，以团体标准规范高校物业服务。

随着经济水平的发展和物质生活质量的提高，人们对品质化的需求随着经济增长越发强烈，并且自新冠疫情发生以来，高校物业服务的重要性逐步被大众所认知。

高校物业服务不仅承担着维护校园安全秩序、环境美化，做好"四保一服务"等基本工作，营造绿色、清洁、舒适的校园环境，还要具备在面临突发状况期间物业服务管控能力，物业服务企业具备的应急反应能力、体系能力、管理能力，特别是专业能力，逐渐被大众所重视，也得到了业内人士和专家学者的关注和探讨，为构建更加美好的校园环境做出积极贡献。

二、高校物业管理的特点研究

（1）服务对象特殊，服务环境特殊。

高校师生属于知识分子群体，服务对象具有特殊性，也就决定了其服务环境的特殊性。高校师生的思维是新鲜的、积极发展的，其日常生活的需求也不同于一般的住宅物业，这就需要物业工作人员首先对高校及师生充分了解，其次针对师生的实际需求对相关标准制度进行修改并实施。高校作为一种不同于企业的社会组织，常常承办各项活动和项目，在工作的进行中，不乏需要物业人员的配合。例如，承办大型企业招聘会、专业技能比赛等计划安排，无论是前期的准备工作，还是中期的活动进行阶段，以及活动结束后的恢复清洁工作，作为高校物业服务企业，需要增强政治站位和服务意识，全力配合、全力服务。

（2）管理规模大，安全责任重。

高校的物业管理规模与普通住宅截然不同，其校园面积、建筑用地面积、绿化用地面积、活动场地面积等规模都远超于普通住宅。物业服务企业在校园内需要负责的物业种类繁多，其建筑功能和服务内容不相同，如教学楼、学生宿舍、体育馆、图书馆、行政办公楼、专业实训楼、实验室实习场所及附属用房、餐厅、生活福利及其他附属用房等。高校物业主要承担校园环境卫生、宿舍管理、植被绿化、小型校园维修等工作，校园环境整治、消毒消菌、学生住宿出入管控等与物业常规工作也不可分割。高校物业工作的重点不仅在于环境卫生、绿化管理，还需要做好保障校园内师生的安全，可见高校物业的安全责任重大。

（3）服务要求个性化、专业化。

物业服务企业将高校师生的需求作为根本导向，给予个性化、专业化的服务。由于师生的课程时间较为固定，物业服务企业修剪绿植草坪等时间应与师生的休息时间错开，避免过多影响师生，且学校还设有寒暑假期，物业服务企业利用寒暑假期进行校园内的大型维修施工等。

（4）高校原本的管理模式影响物业管理。

由于高校的建成时间普遍较久远，在常年的发展历程中，无形的校风、学风、校园文化、人际环境等已经成为传统，不能轻易变革。高校所委托的物业服务企业不是一成不变的，由于各个物业服务企业的管理方式不同，也会导致与先前已形成的管理模式有所差异，成为影响物业管理品质的重要原因。

三、高校智慧物业管理的研究现状

高校智慧物业管理系统还存在一些问题和挑战。首先，智慧物业管理系统的建设和运营维护需要大量的人力、物力和财力的投入，给高校财务与管理能力带来了挑战。其次，技术更新和升级的速度非常快，高校物业管理部门需要及时跟进技术的发展，并不断升级系统，以保证其稳定运行和适应新的需求。此外，数据安全和隐私保护也是高校智慧物业管理系统需要解决的问题之一。

智慧校园建设已纳入我国高等教育的发展规划，高校逐步由数字校园向智慧校园转变。大量人工智能系统和物联网系统的应用，对高校物业管理工作提出了全新的要求，要跟上时代发展的脚步，加速信息化的进程与智能化建设，更好地服务高校发展。智慧校园建设已经成为国家强国战略的重要一环，高校智慧物业管理成为智慧校园全面建成的重要载体，因此实现高质量的高校智慧化物业管理已迫在眉睫。

随着智慧校园的发展，高校智慧物业管理已成为构建高校后勤信息化和智能化发展的一大趋势。进出公寓的人员身份识别，食堂刷屏就餐等新型后勤服务模式在越来越多的学校推广应用。大数据已成为增强后勤管控能力、重建高校后勤服务保障体系的新动力。每所高校只需搭建一个属于自己的校园服务大平台即可，而这些大数据将给物业管理带来增值收入。这就需要对校园物业管理这一学校后勤保障中的重要版块提出新的需求。

在当今智能新时代飞速发展的背景下，高校物业要想提高物业管理服务品质就必须改革与创新，大力增强高校办学活力，让物业管理和高校发展互补共进，从而提升高校服务质量。与此同时，高校物业在吸纳与借鉴社会资本、先进管理经验等的基础上，高校内部设备设施、校园环境等方面均有显著改善与提高，高校的物业管理也应该跟上时代的步伐，让高校物业管理更智能化。此外，还应将大数据与大学生学习生活方式有机结合，高校物业管理平台还应该借助计算机、大数据分析等系列技术，搭建高校信息平台并构成线上服务系统。最终实现高校物业管理的线上与线下服务，并形成智能化物业服务管理模式。

强化高校物业管理能够提升高校服务的效率和品质，能够顺应政策变革。物业服务质量的提升不仅给教师和学生带来种种便利，也促进物业管理效率的提升。各高校根据其实际规模及需求选择不同的物业管理模式，如智能化的高校物业管理等模式。让高校物业管理紧跟时代步伐，适应时代发展趋势，师生对居住环境和服务更加关注，广大师生需求的增加，对于高校物业管理工作提出了更高的要求。

在国外，对于物业管理的可持续发展，越来越注重创新管理模式和手段，以确保其长期稳定发展。Taran Kaur、Priya Solomon 提出物业管理是商业地产（CRE）中的一项重要运营功能，随着房地产市场的发展，根据能效政策将人工智能应用到物业管理中，应对与物业服务相关的挑战，满足各类利益相关者的需求等相关研究为提升物业管理效能提供了有益的启示。

美国的一些学者探讨了智慧校园管理对高等教育的影响，认为智慧校园管理能够提高学生的学习效果、改善校园文化氛围、优化学生服务、提高教师教学质量等方面的综合能力，进而提高高等教育的质量和竞争力。德国学者提出了智慧校园管理的"智慧性"要素模型，该模型从学校管理者、教师和学生的角度出发，分析了智慧校园管理需要具备的能力和特征。在此基础上，该研究还提出了针对智慧校园管理的策略和建议。一些国际知名物业服务企业也在智慧校园建设中发挥了重要作用。

张昊（2021）对智慧校园领域的文献进行了概述和分析，包括物业管理、能源管理、智慧交通、安全监控、教育教学等方面。研究发现，智慧校园领域的研究呈现出跨学科和综合性的特点，未来研究需要更加关注用户需求、社会影响和可持续性等方面。对智慧校园领域物业管理的新兴技术和发展趋势进行了综合评估，包括物联网、人工智能、大数据分析、智慧建筑和智慧交通等方面。研究发现，这些新兴技术可以帮助高校实现更高效、更智能、更可持续的物业管理，同时也会带来一些挑战和风险。高校物业管理的相关研究成果涵盖了校园运营、学习、服务、能源等多个方面。未来，智慧校园管理将继续探索新技术、新模式和新策略，以实现高校管理的智能化和可持续发展。智慧校园管理已成为国际教育界的一个热门话题，许多国外高校已开始探索智慧校园的建设与管理。

1. 优化高校内部管理

虽然高校物业管理服务的内容不断增加，但是多数物业管理企业属于传统的物业服务企业，管理方式较为落后。随着智慧校园建设不断推进，部分高校逐渐重视智慧校园建设，在加强硬件设施建设的同时，逐步提高校园智能化管理水平。目前，部分高校已与第三方智慧校园服务公司合作开发智慧物业管理系统和平台，实现了智慧安保、智慧停车等功能。部分高校已开始尝试智能化改造。

传统物业公司组织架构以直线式、职能式和直线职能式为主，而智能化物业管理模式则以传统设备、客服、收费、信息沟通和职工服务为基础，融合了高校对教师和学生的服务，设备的管理、协同办公、人事管理等体系，对办公、管理职能进行重新定位，突破传统三种组织架构，构建信息化管理服务平台，工作程序与服务流程得到优化，实现高校内部工作人员在线服务，达到快速、共享与实时的效果。

2. 提升了师生服务水平

智能技术的运用与创新极大地促进了传统服务业智能化发展，如师生信息登记系统、自助缴费系统、服务需求处理、门禁系统、多方对讲系统、监控系统、弱电管理系统、巡更系统等，这些新技术在传统物业行业管理服务中得到了日益广泛的运用，使物业管理由传统的纸质登记向线上信息记录转变，进而提高了工作的效率和服务的质量把控程度。从而提高了对师生的服务水平和服务质量。

3. 有利于高校物业服务企业经营

智慧物业管理在提高高校物业服务质量的同时，也有利于物业服务企业自身的经营。具体来说，智慧物业管理可以通过提高工作效率，智慧物业管理可以自动化工作，可以降低能耗成本，减少资源浪费，同时减少了许多重复性的任务，如维护设备、清洁工作等，从而提高工作效率，减少人力成本。提高服务水平方面，智慧物业管理可以通过智能化设备和服务系统，提高服务质量和效率，为教师和学生提供更优质的服务。增强竞争力方面，在高校物业服务市场竞争激烈的情况下，采用智慧物业管理可以提高企业的核心竞争力，从而更好地抢占市场份额。因此，智慧物业管理对于高校物业服务企业自身的经营管理具有积极的作用，有助于提高企业的效益和市场竞争力，为物业服务企业带来良好的收益。

四、高校宿舍物业管理研究

在高校后勤社会化和高等教育大力发展的时代背景下，物业管理在高等学校中的作用日益凸显，高校宿舍是高校物业服务企业重要的工作领域，保洁、绿化、消防、安保和设施设备维护五项物业基本服务已经成为高校物业发展道路上的奠基石。为更好地将物业管理理论应用到实际校园生活中，探索高等学校学生宿舍物业管理应用型发展路径。国家发展靠人才，民族振兴靠人才。高等教育作为我国教育体系的重要组成部分之一，对于新时代培养高质量人才，推进教育强国建设具有显著影响。在高等教育大力推进的时代背景下，高校后勤标准化建设面临新机遇，高校宿舍物业管理作为后勤管理的有效补充，也将在高等教育的发展中起到重要作用。

随着我国高等教育大众化迅速推进，高等学校的数量不断增加，学生数量也不断增长，宿舍作为学生大学学习生活中的重要场所，对学生的学习成长影响重大。目前，各大物业服务企业纷纷拓展高校物业管理项目，宿舍物业管理作为其服务工作中的重要一环，已成为评判物业企业服务水平的重要参考。

探索"智慧校园"的智慧化、人性化与个性化相结合的发展途径；张建利进行高校物业管理发展策略分析时，针对管理体制、观念落后及经费不足等问题提出市场化、多元化及适当增加资金投入的对策。探究智能物业管理平台在学生宿舍管理中的应用，学生、宿舍物管、学校后勤处多主体可以借助物业管理平台实现高效互动，通过数据共享，促进运行、监督、管理的有效配合，进而提升学生宿舍物业管理的标准化、信息化的管理水平。针对高校物业服务管理规模大、安全责任重、突发情况多的现状，提出健全管理体系、打造专业队伍、明确服务定价和进行技术创新等方式推进高校物业服务能力的提升，实行不同的物业管理基金补贴制度，以达到完善高校物业管理激励机制的目的。在高校宿舍、食堂及物业管理用房的项目中使用绿色建设的理念。在高校综合物业管理中，提出以学校为主，坚持高校后勤管理教育属性，进一步推进后勤保障社会化、专业化。刘洋提倡运用马斯洛需求层次理论提升学生、企业员工积极性；龚水平和谭小军提出了高校物业管理社会化、市场化、专业化、科学化、精细化、联盟化的发展趋势；为丰富公寓内涵，培养公寓管理人员的育人意识，注重激发学生自我管理意识的方法，发挥高校宿舍思想教育阵地作用，提高教育质量，探索高校学生公寓管理模式；思政教育和行为规范引导在高校宿舍管理中发挥着重要作用。

国内与国外高校宿舍物业管理现状虽然是不同的，但是国外高校在宿舍物业管理中采取的方式对解决我国物业服务过程中存在的问题具有一定的借鉴参考意义。国外高校学生宿舍的物业管理类型具体分为三种：高校直接参与型、专门机构负责型及高校与专门机构共同经营管理型。第一种模式是直接参与特定的公寓管理事务，在学校内部建立自己的后勤事务管理体系，而且它的市场化和社会化程度还是非常高的。第二种模式是完全脱离学校的后勤事务，法国甚至为大学的后勤事务专门设立了全国统一服务的公立机构。采用第三种模式的大学向社会企业租赁学校后勤管理，实行承包经营。尽管国外的管理模式极具多样化色彩，但都对学生人身、财产安全十分尊重。以上的管理模式为学生提供一个相对安全、自由的学习生活环境，为高校宿舍物业管理提供了借鉴的路径。

新西兰政府对学校物业资产管理试点的启动，表明其从国家层面重视物业服务对于公共事业的重要贡献，并对物业服务企业的发展提供必要的财政支持；Palm（2021）针对学校清洁的主体进行了探讨，从学生的角度进一步探讨了物业清洁在学校发展过程中的作用，同时也指出多方联动对于提升服务效果的重要作用。Mariano 等（2023）对马斯洛需求层次理论进行了深入探讨，为更好地将企业发展与员工工作热情相结合，最大限度调动员工积极性，也为高校宿舍物业管理服务水平的提高奠定了理论基础。

物业服务能力的提升是多种因素共同作用的结果，国内外学者对于物业管理能力水平的提升路径分析，大多从宏观和微观两个层面进行思考。但是，国内外学者针对高校学生宿舍物业管理存在的问题所进行的专向性分析还不够充分，往往从单一角度着手，缺乏对高校宿舍物业管理问题的针对性、综合性研究。

五、高校物业管理标准化研究

标准化是为了在一定范围内获得最佳秩序，对现实问题或潜在问题制定共同使用或重复使用条款的活动。

服务标准化，是指运用标准化的原理和方法，通过制定和实施服务标准，达到服务质量目标化、服务行为规范化、服务过程程序化，从而获得优质服务。

对于高校物业服务标准化的理解，可以定义为：在物业服务中，为保证高校物业服务质量水平，制定和设立相关的规章制度以及服务准则，主要包括相关资源、服务过程、测量分析改进的标准化。

国内学者对于高校物业服务标准化的研究存在一种碎片化、多样化的特点，并未出台系统的、适用于各个高校的标准化提升方案。高明伟根据我国现有物业服务人才管理模式，总结出人才培养的新方法、新体系，由此可看出，在关于高校物业服务标准化建设中，人才作为不可或缺的主干力量，需要予以重视；满孝君和任晓晓以常州某学院为例，提出了深化高校后勤社会化改革的具体措施，其中对于服务标准化的建设尤为突出，高校物业服务标准化也可以从后勤改革入手，重点探讨提升路径；张昊（2021）对高校物业服务企业管理现状进行研究，提出了相应对策，验证了物业服务企业的投入力度对于高校物业服务的发展尤为重要，尤其是类似于物业服务外包的高校，企业起到了核心作用；通过韩锐从人的角度浅析高校物业服务标准化路径研究，高校物业服务的提升可以从企业和高校两个方面入手，对提升路径进行具体分析。总的来看，目前高校物业服务的内容主要分为基础物业服务和多元化增值服务两大类，服务内容随学校以及项目的不同而变化。从服务对象来看，高校物业服务与其他类型的物业服务有所不同，广大受益群体为学生和教师，根据文献可以看出，国内高校物业服务标准化的建设总体可以分为企业和高校两部分。除一般物业服务具有的服务性、专业性、经营性、规范性、统一性、综合性之外，还表现出了教育属性、公益属性以及服务对象特定性。

国外高校在物业服务标准化下有三种主要的管理模式，分别为"英美模式"

"德法模式""日本模式",特点是共同经营管理,注重内外结合。无论采用何种模式进行高校物业服务管理,其最终都必然实现科学化、专业化、社会化、系统化以及制度化。"英美模式"下,为了提供更加标准的服务,西方国家的大部分高校物业服务将宿舍楼、图书馆、教学楼、办公楼等地的服务交由专门机构进行经营管理,但方式却不尽相同,有些依托第三方机构,有些则以学校为主,但均以签订合同的形式明确相应权责关系。"德法模式"下,德国和法国的高校物业服务具有很强的社会化特点,高校在管理上更加独立自主,目的是分离物业服务与高校管理,由专门机构负责。"日本模式"下,高校采用前两者结合的模式。日本的高校物业管理接受评议会的领导和监督,大多实行校长负责制,学校的其他业务则接受事务局的统一管理。简而言之,国外学者大多从宏观和微观两个层面对高校物业服务标准化进行研究,探讨其运作形式、运作层次、管理模式、职能标准、发展趋势等。

第二节　高校物业管理面临的问题分析

一、宿舍物业管理层面

（1）物业服务企业缺乏标准化管理。

高校宿舍物业管理存在的问题有物业服务企业缺乏标准化管理，主要体现在保洁和设施设备维护两大方面的标准化欠缺。

首先，在日常的保洁工作过程中，并没有对员工的工作进行系统化、标准化的培训，而世界公认的 5S 服务标准模式对于物业服务企业来说是很好的参考标准。具体来说，学生宿舍的保洁工作，仍存在宿舍大厅、宿舍外垃圾桶附近、公共浴室、公共厕所等方面的满意度较低的情况。其原因在于，保洁人员缺乏系统的标准化培训，使其在工作标准方面出现了偏差。同时，高校物业作为物业管理的一种特殊模式，其本身存在一定的特殊性。例如，在学生在校期间、寒暑假离校期间，以及毕业季和特殊天气等特殊时期，对于物业保洁方面服务的需求程度是不一样的。在一份问卷中，学生反映在开学季、毕业季时期，学生丢弃垃圾的数量大增，宿舍附近的垃圾桶出现难以容纳的现象。因此在特殊时期，没有针对性的物业清洁服务标准，往往是不能满足学生要求的。

其次，从设施设备维护方面看，设施设备维修存在的问题有：设备报修平台经常卡顿，设施设备较陈旧，已达到更新换代的年限；维修人员的年龄较大，对于报修平台的使用不够流畅；维修工作的后期反馈机制较为欠缺。其原因在于物业服务企业在运行过程中，对于设施设备维护的标准化缺失。

通过门禁系统实现学生宿舍进出的检测，门禁系统是学生宿舍物业管理的重要设备之一。然而，通过实地观察不难发现，目前门禁系统仍然存在"一脸多用"、识别效率低以及门禁设备出现故障不能及时报修等问题，尤其是在上下课等高峰时期，容易出现拥堵现象。以上问题是物业服务企业缺乏标准化管理的体现。

（2）工作人员文化水平较低。

通过访谈和查询部分物业服务企业员工的相关信息得知，高校宿舍物业服务人员年龄大多在 50 岁以上，主要来自学校附近的农村，因而文化程度较低，且主要以非正式员工为主。因此，在参与学校宿舍物业管理过程中，存在对物业服务企业的管理理念认识不到位、物业服务标准化理解认识不到位、企业文化传承缺失等一系列问题。

员工对于物业服务的认知仅停留在将负责区域的卫生尽可能地打扫干净，物业服务企业没有充分利用马斯洛的需求层次理论，对物业服务企业的从业人员缺乏分析，导致员工没有得到激励以至于工作积极性并不高，对于在岗位上遇到的问题往往缺乏一定的反思能力，无法将公共区域卫生清扫问题从根本上解决，导致其工作效率不高。

（3）多方主体的参与不足。

无论是住宅物业、商业物业还是高校物业这种公共性物业服务，在各个具体领域中的佼佼者绝不单单是物业服务企业自己辛勤付出的成果，而是所有与物业服务相关的各方主体齐心协力努力的结果。在住宅物业中，有业主委员会、社区居民委员会与物业服务企业共同努力，才能使社区居民的合理诉求得到满足，提升物业服务企业的服务水平和服务质量。因此，在高校物业服务更应调动多主体的参与度，人人献出一份力，发挥联动效应，提升服务水平。

在高校中与物业服务相关的主体不是只有物业服务企业，还有后勤管理部门、学生及教职工。但在高校物业服务的实际工作中，以物业服务企业与后勤管理部门协作为主，并未调动学生这一重要主体的参与积极性。同时，物业服务企业的员工对于自身工作的积极性有待进一步提升。

（4）物业服务不能与时俱进，延伸性物业服务不足。

延伸性物业服务主要指除常规性物业服务以外，具有灵活性的物业增值服务。高校宿舍物业服务主要包括保洁、安保、设施设备的维修与养护等基础性物业服务，缺乏拓展延伸性的物业服务路径。当代大学生的生活诉求是与时俱进的，对某地市高校问卷中显示，认为基础性物业服务可以满足基本生活需求的学生占比为 54%，而有 44.5% 的学生表示基本可以满足基本生活需求，有 1.5% 的学生认为物业基础性服务不能满足其日常需求。物业服务企业需要结合目前学生生活诉求，在提供基础性物业服务的同时，不断扩展服务业务范围，在提升学生满意度的同时，在一定程度上提升物业服务企业的创收工作。

二、高校智慧物业管理研究分析

通过问卷调查方式对某地高校的师生以及物业一线人员的调研，经过归纳和总结出高校智慧物业管理的主要问题。

1. 对智慧物业管理认识不足

图 4-1 显示，在校人员对智慧物业管理的了解较低，65.42%的师生及职工对智慧物业管理不太熟悉。物业工作人员对智慧物业管理的了解也较低，开发商在进行智能化校园建设的时候，注重实时监控、电子巡更、门禁系统及车辆道闸的投资，从而忽略后期维护管理经费。导致已建智能化高校物业运转异常，高校智能化系统物业管理作用低下，多数设备闲置或者不能投入使用。

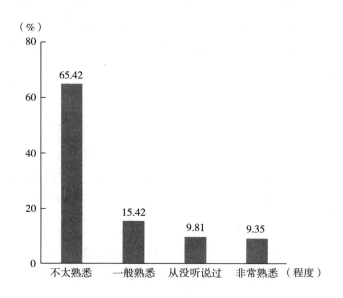

图 4-1 在校人员对高校智慧物业管理的熟悉程度

资料来源：笔者根据问卷调查得到的数据处理分析绘制。

2. 师生信息外泄风险

物业管理一线人员认为师生信息会泄露，面对已经到来的网络化、信息化时代，人人都十分注重个人隐私的保护。因此，物业管理公司应更加重视保护学生和教师的隐私，防止有人恶意入侵物业管理系统泄露学生和教师信息。目前，国家已经出台了相关的法律法规，但在保护师生信息方面还存在盲点和空白，此问题亟待解决。

3. 专业技术人才缺乏

图4-2显示，接近80%的高校物业管理人员未接受过专业的培训，高校多校区物业管理中仍然存在着人员结构不合理，很多企业员工的学历水平较低，专业人才匮乏的现象，表现为服务人员结构不合理，专业、系统培训等欠缺。随着物业管理人员老龄化问题的凸显，40岁以下员工占23.64%左右，多数员工为40～60岁高龄人员。除身体素质和劳动能力差外，还存在着学习和接受新事物能力弱，不能够很好地掌握新技能，对新设备的使用不够熟练，制约着高校智慧物业管理及服务水平的提升。智能化管控平台的实施，均需要高科技和高素质的人才。物业行业属于劳动密集型产业，员工素质良莠不齐，专业化和复合型人才匮乏，导致许多高校智能设备停止使用和闲置时间较长，出现故障不能及时排解，智慧化设备起不到应有的作用。

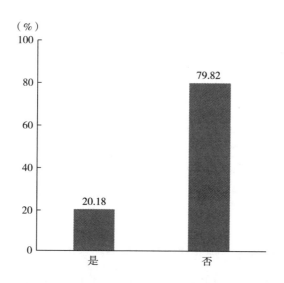

图4-2　高校物业管理人员专业培训率

资料来源：笔者根据问卷调查得到的数据处理分析绘制。

4. 设施设备的智能化程度较低

如图 4-3 数据统计所示，大多数的高校师生认为学校的设施设备智能化较低，虽然高校在智慧物业管理方面已经有了一定的发展，但在设施设备智能化方面还存在一定的不足，具体表现在智能化设备缺乏，高校的设施设备多为传统设备，缺乏智能化的设备，无法实现远程监控、智能诊断等功能，影响了设备使用的效率。数据采集和分析能力有限，高校的设施设备管理系统数据采集和分析能力较弱，无法进行有效的数据分析和预测，影响了管理决策的科学性和准确性。由于经费和技术等原因，部分高校的设施设备更新和升级比较滞后，影响了设备的可靠性和安全性。

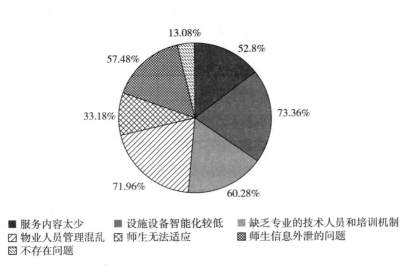

图 4-3　高校智慧物业管理基本服务状况

资料来源：笔者根据问卷调查得到的数据处理分析绘制。

三、高校物业管理标准化研究

高校物业管理标准化发展趋势总体呈现较好态势。坚定标准化、专业化服务路线，提升服务品质。高校物业服务企业需要明确服务标准，即将服务内容、服务流程、服务质量等进行规范化。这可以为后续工作提供指引和保障，使物业服务更具规范性、系统性和科学性，从而使得服务质量得到保障。

同时，强化服务人员的专业化训练和知识储备，实现从业人员的专业化和资质认证、定期培训，提升管理和服务品质。高校物业服务企业还需要重点关注服务质量，包括管理满意度指标。通过厘清服务对象的需求、权益，对服务成本和质量加以监督，及时解决意见和需求，并以不断完善服务作为不懈努力的方向，使服务品质不断提升。

扩大服务深度，建设综合服务体系，物业服务企业在校内负责的区域较全面，但服务深度较浅，多数仅负责设施设备维护、卫生清洁等基础工作，导致物业服务企业的贡献度较低，可以通过丰富服务内容、提高服务品质这些方式满足客户的不同需求。同时，提供多样性的服务内容，如勤工俭学、社会实践、学术资源共享等，为师生提供更加便利的生活服务。

整体来看，物业服务企业的服务范围和深度呈增长状态，处于构建综合性的服务体系中。在未来的工作中，高校物业服务企业应与高校后勤相互配合，将各类服务有机结合，形成完善的高校服务体系，通过科技手段的应用，并针对高校实际的个性化需求，提供更合理的综合解决方案。但是高校物业标准化也存在以下问题：

（1）全面质量管理效率低下。

从企业角度看，一个合格的物业服务企业应该具备全面质量管理基本方案，立足全局，整合项目本身，坚持预防为主、用户至上。经调查，部分高校整体项目运维缺乏整体性，注重速度而不是质量。重点问题集中于保洁方面，通过校园巡查发现，问题主要有：楼宇卫生间内巡查表填写空缺、垃圾堆积、卫生间地面积水、洗手池水渍斑驳；宿舍楼下垃圾桶垃圾堆积等。以上问题导致师生等用户体验差，也影响物业服务企业的形象和口碑。出现以上问题后，现存的物业服务制度不能及时作出更新与调整，导致管理方式老旧，不切合发展的新模式，且未能严格按照相关条例进行执行和管理，物业服务标准制定的不完善致使其约束力不强，在实施过程中落实不力，是高校物业服务标准化的一个最大问题。

（2）员工执行力低下。

通过查询物业服务行业从业者分析的相关数据以及走访校园内各个项目时发现，校园内物业服务人员配备较少，且从事物业服务的员工中，高龄员工占比极高。就身体素质和专业素质来看，低于从事物业服务行业员工的平均水平。另外，大部分员工受教育程度较差，大部分受教育程度仅为大专及以下，通过访谈后得知，大部分的员工仅仅进行过岗前培训，对日常工作和突发情况处理的专业能力较低。公司奖惩措施不合理导致部分员工工作懈怠、执行力较低，从而使日常工作保质保量完成率较低。

从管理岗位看，各岗位主管也呈现着专业素质相对较低，管理能力较弱的缺点。校园巡查监督力度不合理，员工工作中出现的问题及纰漏不能及时发现并解决，人员任用不合理，工作标准制定不完善，进一步导致了物业服务标准化和物业服务质量的低下。

由此可以看出，物业服务员工的综合素质与工作能力直接影响了物业服务质量的高低，需针对源头提升高校物业服务标准化。

（3）物业设备设施维修养护不到位。

在物业设备设施维护与管理方面缺乏周期性，出现了"重运行维修，轻预测保养"的问题。轻视日常的管理维护不仅会缩短设施设备使用寿命，更易发生故障，轻则影响教学，重则酿成事故。在观察部分教学楼教室以及走访部分学生后发现，日常的维护仅存在于保洁，而对于多媒体、电脑等电子设施设备的养护则常常忽略，造成电脑卡顿、死机、黑白屏、断网、音量无法调节等问题，严重影响教学质量，拖延教学进度。这也反映出物业服务企业的经营意识淡薄，缺乏专业技术人才，也是对服务责任的漠视。

（4）地区间发展不均衡。

由于行业发展历程的不同，有些地区的物业管理企业较为成熟，有着更为完备和规范的管理体系，而有些地区则仍处于起步阶段；不同地区的经济发展水平和经济结构发展也不同，一些发达地区拥有足够的资金投入到高校物业管理中，而贫困地区则缺乏投入资金；不同地区的政府对高校物业管理行业的扶持力度和政策定位也不同，有些地区将高校物业管理列为重点扶持项目，而有些地区则未给予其足够的重视。

第三节 高校物业管理水平提升路径研究

一、高校物业管理标准化提升路径研究

（1）明确标准制定的目的和范围。

确定标准制定的目的是确保高校物业管理服务的水平和质量，维护所有相关方的权益。同时，明确针对高校物业管理的具体领域制定标准，如保洁管理、保安管理、设备维修和维护管理等。

（2）调研和分析。

进行校内、市场、行业的调研和分析，分析高校物业管理标准化现状和管理方案，了解各方面的实际情况和存在的问题，从而为制定标准打下基础。

（3）明确标准制定的程序和标准要求。

根据调研和分析的结果，明确标准制定的程序和标准要求，包括标准的内容、格式、结构和撰写风格等方面，同时要有可操作性和可实施性。

（4）制定服务标准。

根据制定标准的关键点，通过实地走访、调研等方式，结合师生的需求及不同建筑类型的功能和"硬件"基础，增加相应的内容和要求，采用"基础服务要求+硬件条件/管理要求+个性化需求"的模式，制定因地制宜的标准化管理制度。

高校物业管理标准化包含的内容：

（1）服务内容标准。

高校物业管理是一个多元化、综合性的服务体系，其中涉及的服务领域非常广泛，如水电维修、环境卫生、物业保安、公寓管理等。因此，在制定服务标准时，需要考虑到各类服务项目，详细规定每项服务的范围、标准和目标，确保服务内容的全面性和细致性。

（2）服务流程标准。

制定服务标准，需要详细规定服务流程和操作流程。服务流程包括服务前期

准备、服务中的各个环节、服务后的处理等。这样能够确保服务流程的规范性、透明性和条理性，防止出现任何漏洞和不规范的行为。

（3）服务标准。

服务标准是服务流程中最重要的一环，包括服务时长、服务质量、服务态度等方面。标准应当能够量化并是可执行的，让用户清晰、明确地了解到每个服务的标准，不会出现质量或服务问题。

（4）人员培训机制。

服务标准的实施需要具备服务技能和相关知识的人员，因此必须进行人员培训并优化培训机制。在培训中应该注重不同岗位人员的不同需求，针对不同岗位进行不同的培训计划，并在培训中引进现代化的培训方法。定期的人员技能监测和反馈，可有效地提高人员服务技能水平，保证服务标准的质量。

（5）服务标准考核评估体系。

为了实现服务目标，需要建立科学、规范的考核评估体系。评估体系中应包括服务标准化的相关指标和考核方法，以及考核结果的处理和反馈机制。定期进行绩效评估和反馈，以便及时纠正服务标准的不足，推动服务标准持续优化。

加强队伍建设可以有效提高高校物业管理标准化管理质量，具体可以从以下四个方面展开：

（1）招聘和选拔合适的人才。招聘高质量人才是高校物业标准化管理队伍建设的基础，给物业队伍增添新的血液，引进年轻的物业人员，还可以邀请专业的物业管理人才与员工分享交流经验，进一步加强队伍建设。

（2）进行专项培训。要针对高校的实际情况进行有效规划，并对物业员工进行专项培训，包括专业技术知识、政策法规、标准操作流程等，增强员工的工作经验和标准化意识。

（3）制定长期激励政策。高校物业管理标准化对于员工的激励不仅局限于工资问题，还应制定一些长期的激励政策，如职称晋升、荣誉奖励、物业行业组织的各类交流活动等，以激发员工的积极性和工作热情。

（4）制定人才培养方案。要对高校后勤管理的人才进行长期的评估和预测，从而根据发展需要制定持续性的发展目标和人才培养方案，通过人才储备，保障高校物业的管理人员可以长期性地适应工作情况，完成工作中的各项任务。

加强质量控制方面要注意以下几点：

（1）全面贯彻安全意识，加强日常安全巡检工作，并完善工作过程记录系统，采用打卡或扫码等方式监督员工的工作，对没有按要求完成检查工作的员工进行处罚。

（2）对进出校园的人员管理控制方面，可借鉴系统科学中的控制理论，在适度采取刚性严管的基础上，发挥学生和教师的主人翁意识，监督并参与校园安全管理，与物业服务企业一同保卫校园安全。

（3）针对校园的实际情况，将服务工作分为环境卫生、维修管理等方面，设置相关的调查问卷，随机发放给在校师生，收集后进行整理归纳，分析一段工作时间以来的工作成果，将管理不到位的内容进行整改，以此促进物业服务企业更贴合实际地服务师生。

智能化管理方面应注意：

随着智能化技术的高速发展，智能化管理在社会、校园等诸多环境中都起着非常大的作用。在高校管理中，可以在多方面采用智能化设施设备，如清洁、安防系统、门禁系统等，使用成熟的智能化系统，在门禁方面可以更有效地管控；用智能设备可以在一定程度上代替纸质版的检查表，从而提高工作排查执行力；在安防方面，智能化监测设备可以有效探测感知突发事件的发生，并作出应对措施，进而可以有效提高标准化管理的质量和效率。

二、高校智慧物业管理水平提升路径研究

（1）校内秩序维护。

高校智慧物业管理可以通过现代化科技帮助维护校内秩序。高校可以升级智能监控系统，比如在校园内设置摄像头，实现 24 小时监控，一旦发现违规行为，可以及时进行处理和警告。或者加装智能门禁系统，学生和教职工可以通过刷卡、指纹等方式进入校园内，进出校门口也可以通过人脸识别技术进行自动验证，这样可以有效防止非法人员进入校园。设置人员定位系统，在校园内安装定位器，可实时监控人员在校园内的位置，对于未经授权进入某些区域的人员，可以及时报警。也可以在学生宿舍、图书馆等公共场所设置摄像头，对于学生的行为进行监控，如吸烟、打闹等行为，及时进行警告和处理。关于校内安防可以加

装智能安防系统，在校园内安装一些智能安防设备，如烟雾探测器、紧急报警器等，一旦发生火灾、煤气泄漏等安全事故，可以及时报警，保障师生的生命安全。最后，可以加装智能环境管理系统，对校园内的温度、湿度等环境参数进行实时监控，一旦出现异常情况，及时报警并进行调整，为学生和教职工提供舒适的工作学习环境。

（2）设施设备管理。

高校智慧物业下设施设备管理可以通过建立设备档案，对学校内的所有设施设备进行分类、编号，并建立档案，记录设备的基本信息、维修记录、保养记录等。也可以通过对设施设备定期进行维修保养，预防性维护以及故障维修。可以借助物联网技术实现对设备的远程监控和预警，及时处理设备故障。关于设备巡检则可以设立专业巡检人员对学校内的各类设备进行巡检，及时发现设备故障，提高设备的使用效率和可靠性。加强数据分析，通过智慧物业平台对设施设备的使用情况进行分析，了解设备的使用率、故障率等，根据数据进行设备的调整和更新，提高设备的使用效率和安全性。在设备需更新换代时，应及时更新和升级设备，采用新的技术和设备，提高设备的效率和可靠性，减少设备的能耗和维修成本。对设备的操作人员进行培训，提高他们的技能水平，加强设备的管理和维护。

以上是一些可能的做法，但在实际操作中需要根据具体情况进行调整和优化。通过智慧物业管理设施设备，可以提高设备的使用效率和可靠性，减少设备故障和维修成本，为学校提供更好的服务。

（3）校内环境管理。

高校智慧物业管理下校内环境管理可以通过在学校内设置传感器对环境指标进行监测，如温度、湿度、空气质量等，及时掌握校内环境情况，为环境管理提供数据支持。通过智能物联网技术，对校内的空调、照明等设备进行调节和控制，保持室内环境的舒适度和节能性。在学校内设立垃圾分类点，进行生活垃圾的分类和处理，提高垃圾的回收利用率，减少环境污染。对校园内的植被进行管理，定期修剪、浇水、施肥等，保持校园内的绿化环境，提高学生和教职工的生活质量。通过环境宣传和教育，加强学生和教职工的环保意识，鼓励他们参与环境保护工作，促进环保理念在学校内的落实。设立专业的环境监管人员，对校园内的环境情况进行监督和管理，对于环境污染等问题及时进行处理。通过智慧物业管理校内环境，可以提高学生和教职工的生活质量，促进环境保护工作的落实，为学校的可持续发展做出贡献。

三、高校宿舍物业管理水平提升路径研究

（1）政府及物业管理协会出台高校物业服务规范。

积极健全高校宿舍物业服务标准体制机制。目前，许多行业的发展都遵循国家标准及团体标准，虽然国家层面高校宿舍物业管理的标准目前尚未出台，但是有些地区的高校物业管理标准已经出台，在指导各个高校物业管理的发展过程中，起着非常重要的引领作用。山东省地方标准《物业服务规范 第4部分：高校物业 DB37/T 1997.4—2019》的出台，使山东省高校物业管理工作步入了规范化发展的轨道。各地教育部门应结合当前各大高校的发展，制定出符合学生需要和时代发展的高校宿舍物业管理标准，对于规范物业服务企业的发展起着重要的作用。在推进高校宿舍物业国家标准的同时，也要倡导物业行业制定符合自身发展的行业标准。

（2）调动物业服务企业积极性，不断提升高校物业服务品质。

①向标准化看齐。物业服务企业应该以高校学生宿舍物业服务过程中存在的问题制定分类化的标准操作流程，将 PDCA 理论应用于高校实际的物业管理过程当中，如当前物业服务企业的目标是提供学生满意的物业服务，而为了实现这个标准，就需要物业服务企业结合自身开展的服务业务一步一步地落实，而在落实的过程中会发现部分地方的卫生清洁不达标、设备维修不及时等问题，因此需要对此进行整改提升，即通过员工培训、制定应急方案、提高垃圾清运频次、更新报修平台等方式促进问题的解决。然后，不断地为提升物业服务标准化贡献新的方案，助力服务水平的提升。

②提高员工积极性。目前高校物业服务企业的在职员工主要为中老年人，在其文化水平较低的限制条件下，应将岗前培训和在职培训落实到位，让每一位员工明确自己的工作任务，做到心中有标准，认真去落实。对员工定期召开座谈会，对近期内，物业服务人员在工作过程中面临的难题进行集中汇集，尽快提出针对性的解决方案。宿舍保洁人员有一部分为临时聘任制，实行工资日结制，按

照工作时限计工资的方法，存在"磨洋工"的弊端，因此物业服务企业应该成立相应的监督部门对企业的员工工作进行检查。同时制定工作情况反馈机制，如在开学季、毕业季等特殊时期，物业服务企业员工的工作量可能在短时期内出现骤增的情况，面对此类情况，物业服务企业在利用激励机制激发员工工作积极性的同时，合理调配其他岗位的工作人员进行帮助，以尽可能高效地解决现存服务管理的难题。为了更好地服务高校的学生，物业服务企业应该鼓励企业员工进行专业技能培训，实行技能证书奖励机制，有利于促进物业服务企业的员工不断提升自身素质。同时，"工欲善其事，必先利其器"，提高员工工作效率的重要一环是更新使用现代化的清洁卫生工具，原先的清洁工具已经远远不能适应高效率的工作。为此，更新设备，将扫地机、吸尘设备、抛光设备等引入宿舍物业服务过程中，可以为物业服务企业提升整个服务品质保驾护航。

③拓展延伸性服务。目前，高校的宿舍物业管理服务还局限于基础性的保洁、安保、绿化、设施设备维护，对于物业的延伸性服务探索不到位。物业服务企业要根据马斯洛需求理论，力求不断满足学生更高一级的需求。为此，物业服务企业为了更好地服务宿舍学生的生活需求，可以适当拓展一些物业服务范围内的业务。在基础性的物业服务满足学生生理、安全的需要以后，不断提升企业服务标准，将学生的需求纳入自己提升水平的参考范围，不断提升学生的归属感与幸福感，尊重学生，实现物业服务的价值。为此，物业服务企业需要立足不同学生的需求，走在服务前沿，如针对有特殊卫生清洁需求的学生，可以进行特约服务，企业拓展宿舍清洁延伸服务内容。针对学生宿舍缺乏独立卫浴设施问题，为了可以满足学生多样化的生活需求，可以在不同的楼层设置部分单间浴室，为学生提供更好的生活学习环境，物业服务企业也可以拓展快递代收发服务及衣物清洗服务等。

(3) 高校学生树立主人翁意识，增强责任担当。

学生是宿舍物业服务的受益者，同时也是物业管理工作的重要参与者，为增强学生的主人翁意识，学生需要将自己的物品归置好，自觉遵守学生守则，降低物业企业员工的不必要的工作量。尤其在开学季、毕业季时期，对于不需要的物品可以先放到二手交易平台，这在一定程度上可以减轻物业服务人员的工作量。降低物业员工的工作量最重要的是将事情落实到每一天，如每日宿舍内的垃圾分类打包，放进垃圾桶，这将在很大程度上减轻垃圾随风飞的现象，降低保洁人员垃圾清运工作的难度。

大学生自我管理服务委员会作为高校的一个学生自治组织，其下设部门包含宿管部、考核部、安全部、特勤部等，大学生自我管理服务委员会对高校宿舍物业管理活动起着重要作用。在物业服务过程中，将学生组织与企业相结合，将企业发展遇到的难题以及学生反映的需求相结合，可以使物业服务企业的发展更加符合高校实际情况。学生组织在表达学生宿舍物业管理需求的同时，也可以承担物业服务的质量评价反馈工作，为物业员工的工作做评价，以更有效地缓解部分日结薪资导致的员工工作效率低下问题。除此以外，高校可以设有物业管理专业，教研室及物业服务企业可以联合搭建教学线下实施平台，将课堂理论学习与实际的高校宿舍物业管理进行有效结合，充分发挥物业管理专业优势，为高校物业管理提供活力和源泉，为提升高校物业服务水平贡献智慧。

第五章　多业态物业管理的
困境及路径研究

第一节 写字楼物业管理研究

一、写字楼物业管理职责梳理

（1）房屋外立面完好、整洁、无脏损和妨碍市容观瞻现象，外装修色彩、材料协调一致，风格统一。

（2）房屋主体、结构完好。

（3）提供全面物业保养管理，进行预防性维修，有效维护及提高物业及其配套设施的使用年限，降低管理成本。

（4）房屋维修若涉及建筑主体结构、设备主系统、大厦整体形象或涉及公共安全，必须有完整的开工报告、计划工程时限、工程预算书和工作记录，履行安全技术交底手续和工程质量验收手续，有完整的竣工报告和完善的保修制度，有工程资料存档备查。

（5）房屋紧急维修当时通知即刻维修，并有详细的维修记录。

（6）房屋门牌号码清楚并公示于明显位置，设有引路方向平面图及标志。

（7）房屋档案、资料管理完善，有清晰的目录可供查阅，并有专人负责管理。

（8）物业管理范围内实行24小时保安值班巡逻制度，对所有公共区域进行不间断监控，对外来人员进行来访登记。对安全重要部位及重点防护部分进行有效巡视及保护，充分发挥人防、技防相结合之安保措施。

（9）停车场车辆进出有严格的管理控制系统，车辆停放有序，场地清洁卫生无污染、无破损，车辆管理制度完善。

二、写字楼物业管理要求梳理

（1）科学化、制度化、规范化、高起点。

由于现代化的写字楼的技术含量高、管理范围广，所以绝不能只凭经验办事。物业管理公司要积极探索制定并不断完善管理制度，使整个管理工作有章可循，有据可依，让写字楼管理踏上科学化、制度化、规范化的道路。要有高素质的员工队伍，高技术的管理手段，高标准的管理要求。只有如此，才能达到良好的管理效果。

（2）加强治安防范，严格出入制度，建立客户档案。

写字楼的安全保卫工作十分重要，它不仅涉及国家、企业和个人财产与生命安全，还涉及大量的行业、商业、部门机密。由于写字楼一般在办公时间是开放的，所以治安管理难度非常大，必须加强治安防范，建立健全各种值班制度。坚持非办公时间出入写字楼的检查登记制度，坚持定期检查楼宇防盗与安全设施制度，坚持上下班交接检查制度。加强前门、后门的警卫及中央监控，坚持24小时值班巡查，力争做到万无一失。同时，物业管理公司应全面建立客户档案，熟悉客户情况，增加沟通了解，做到心中有数，确保客户的人身和财产安全。

（3）加强消防管理服务，做好防火工作。

由于写字楼规模大、功能多、设备复杂、人员流动频繁、装修量大，加之高层建筑承受风力大和易受雷击，火灾隐患因素比较多。因此，写字楼对防火的要求很高，应特别注意加强对消防工作的管理。一定要教育员工、客户遵守用火、用电制度，明确防火责任人，熟悉消防基本知识，掌握防火、救火的基本技能，加强防范措施，定期检查、完善消防设施，落实消防措施，发现问题及时处理，彻底消除事故隐患。

（4）重视清洁服务。

清洁与否是写字楼物业服务水平的重要标准之一，关乎写字楼的形象。由于写字楼一般都采用大量质地讲究的高级装饰材料进行装饰，所以清洁难度很大，专业要求高。物业管理公司要制定完善的清洁细则，明确需要清洁的地方、材料及清洁次数、检查方法等。同时要加强经常性巡视保洁，保证大堂、电梯、过道随脏随清，办公室内无杂物、灰尘，门窗干净明亮，会议室整洁，茶具清洁消毒。

（5）加强设备管理和设施的维修保养工作。

保证设备、设施的正常运行是写字楼运作的核心任务。物业管理公司应重视对写字楼水电设施（包括高低压变电房、备用发电房、高低压电缆电线、上下水管道等各项设施）的全面管理和维修，供水供电要有应急措施。物业管理公司应特别注重对电梯的保养与维修，注重对消防系统的检查、测试及对空调系统的保养、维修。要有健全的检查维修制度，对公共场所和设施，比如走廊、大厅、电梯间等地方进行定期检查与维修维护。对客户的设备报修要及时处理，并定期检查。

（6）设立服务中心，完善配套服务。

写字楼的管理其实就是一种服务。为方便客户，满足客户的需要，写字楼应设立服务中心。服务中心负责帮助客户办理入住和退房手续，解决相关问题；提供问询、商务等各类服务，包括提供一些日常性服务，如协助接待来访客人，回复电话问询，提供打字、传真、复印及订票服务等；提供其他可能的委托服务，如代客购物、代送快件等。

（7）加强沟通协调，不断改进工作。

物业管理企业要加强与客户的沟通，主动征询、听取他们对管理服务工作的意见与要求，认真接受、处理他们的投诉，及时解决他们提出的问题。妥善处理各方关系，协调配合政府各部门的工作，不断改进管理模式，使各项指标达到同行业的先进水平。

三、写字楼物业管理的特点研究

（1）管理要求高，科技含量大。

由于现代化的写字楼本身规模大、功能多、设备先进，加之进驻的多为大型客户，各方面的管理要求都较高。特别是现代化的智能写字楼，因为采用的全部是最先进的技术和设备，所以对物业管理人员提出了更高的要求。物业管理人员不仅要具备管理知识，还要具有与之相配套的专业技术知识，才能驾驭这些设备，担负起管理和维护这些设备系统的重任。同时，物业管理人员还要指导客户正确使用这些设备，避免设备被人为损坏。

（2）设备设施多，管理难度大。

写字楼内办公人员众多，电脑、打印机、复印机、传真机、电话等各种办公设备基本是全天使用，必须保证供电系统的正常运行。否则，将直接影响楼内办公人员的工作效率，给客户带来巨大损失，导致客户的不满，甚至是投诉或索赔。

为了给客户提供一个舒适的工作环境，消除病菌从空调通风管道传播的可能，物业管理企业必须保证楼内空调系统的正常运行，定期对空调通风管道进行消毒，保证楼内的温度、湿度和空气质量符合国家的相关标准。

为了保证客户的正常生活用水，物业管理企业必须对楼内的给排水系统设备进行定期的维修、养护及按时对生活水箱进行清洗消毒，保证客户的用水安全。

对那些在高层办公的客户来说，电梯是日常上班最重要的设备之一，如果电梯出现故障将会给客户的出行带来很大的不便，因此物业管理企业必须制定严格的电梯运行保养制度，通过合理的运行和科学的养护，提高电梯运行的安全性，确保客户正常使用。

保证客户和外界通信渠道的畅通，是现代化智能写字楼物业管理的重要任务之一。在这个信息社会中，信息的交流与获取是至关重要的，是客户获得巨大经济效益的前提，物业管理企业要通过对楼内通信设备日常及定期的维护，保证写字楼内通信系统设备的安全运行，以满足客户的需求。

四、写字楼物业管理的研究现状

写字楼物业管理需要加强安全管理，包括物业消防、物业安保等方面的管理。部分研究者针对这一问题进行了探讨，提出了消防措施和安全管理方案。有些研究者关注了写字楼租赁市场的变化和发展趋势。探讨租赁市场的变化和趋势，提出了适应写字楼物业管理的经营策略。同时，有些专家学者关注写字楼物业管理的数字化转型。部分企业加快数字化转型，提高工作效率。探讨数字化转型对写字楼物业管理的影响，提出了数字化转型的实践方法和策略。

国外研究方面，美国和欧洲的研究者开始研究物业管理对商业地产的影响。关注商业地产市场的供需变化、租户需求的转变以及商业地产管理的变化趋势，写字楼作为重要的商业物业类型，写字楼管理对于物业保值增值有着重要意义。物业服务企业需要提高管理能力，优化运营效率，同时也要提升重大事件的应对能力。

五、写字楼物业管理存在的问题分析

当前，写字楼物业管理存在着许多问题，主要包括以下几个方面：

（1）安全管理不到位，许多写字楼物业服务企业安全管理不到位，缺乏完善的安全管理制度和安全设施；许多写字楼物业服务企业信息不透明，缺乏公开透明的物业费用、服务标准等信息，导致租户对物业费用在安全管理方面投入缺乏了解。

（2）智能化水平不足，缺乏技术创新，许多写字楼物业服务企业缺乏技术创新，没有及时引进和应用先进的物业管理技术和设备，大量的人工拉高了成本。另外，许多写字楼物业服务企业物业服务费用和能源费用成本过高，影响了企业的经营和发展，影响了物业管理的效率和质量。

（3）客户服务体系不健全，缺乏个性化服务，许多写字楼物业服务企业缺乏个性化服务，没有根据入驻企业和员工的需求提供相应的定制化服务。此外，许多写字楼物业服务企业在服务过程中也缺乏环保意识，没有积极推广环保理念和技术，导致了浪费资源和污染环境的问题，客户满意度低，不能更好地服务客户。

现有写字楼物业管理存在着安全管理不到位、智能化水平不足，缺乏技术创新、客户服务体系不健全等问题，需要物业服务企业加强管理、改进服务，提高物业管理的质量和效率，为入驻企业和员工提供更加优质的物业管理服务，与时俱进地提升应对突发事件的能力。

六、提升写字楼物业管理水平的路径研究

1. 建立健全的应对突发事件处置体系

建立健全应对突发事件处置体系是当前写字楼物业管理面临的重要任务，这需要物业服务企业采取一系列措施，包括：

（1）制定完善的突发事件处置方案：物业服务企业需要制定完善的突发事件处置方案，明确具体措施和应急预案，以提高应对突发事件的能力。

（2）加强物业消毒和通风管理：物业服务企业需要加强写字楼的物业消毒和通风管理，采用有效的消毒和通风措施，确保写字楼环境的卫生和健康。

（3）建立健全的健康档案管理制度：物业服务企业需要建立健全的健康档案管理制度，及时记录入驻企业和员工的健康状况，发现问题及时处理和上报。

（4）加强宣传和教育：物业服务企业需要宣传应对突发事件的具体措施，

提高入驻企业和员工的应急能力，共同维护写字楼的安全和稳定。

（5）建立信息共享机制：物业服务企业需要建立信息共享机制，加强与相关部门的信息沟通和联动，及时了解国家政策变化，提高应对突发事件的能力。

建立健全突发事件的处置体系需要物业服务企业从制定完善的方案、加强物业消毒和通风管理、建立健康的档案管理制度、加强宣传和教育、建立信息共享机制等方面入手，以确保写字楼的安全和健康。

2. 加强写字楼物业安全管理

写字楼一般都是高层建筑，物业安全管理尤为重要，为此，加强写字楼物业安全管理是物业服务企业应该高度重视和采取的行动。具体措施包括：

（1）完善物业安全管理制度。物业服务企业应该建立完整的安全管理制度，明确安全管理的职责和流程，确保安全管理制度的有效性。

（2）加强人员安全培训。物业服务企业应该加强员工的安全培训，增强员工安全意识和应急处置能力，确保员工安全。

（3）安装监控设备。物业服务企业应该在写字楼内设置监控设备，全天候监控写字楼内的安全情况，及时发现和处理安全隐患。

（4）加强巡逻管理。物业服务企业应该加强巡逻管理，提高巡逻员的巡逻频率和巡逻质量，及时发现和处理安全问题。

（5）建立安全通道和应急疏散预案。物业服务企业应该建立安全通道和应急疏散预案，确保在突发情况下的安全疏散。

（6）安装消防设备和维护消防通道。物业服务企业应该安装消防设备和维护消防通道，确保消防设备的完好性和畅通性，防止火灾等事故发生。

（7）加强入驻企业的安全管理。物业服务企业应该对入驻企业进行安全审核，增强入驻企业的安全防范意识，加强对入驻企业的监督和管理。

（8）加强物业安全宣传。物业服务企业应该加强物业安全宣传，增强入驻企业和员工的安全意识，增强大家的安全防范意识。

总之，加强写字楼物业安全管理是物业服务企业应该采取的措施，这需要从完善物业安全管理制度、加强人员安全培训、安装监控设备、加强巡逻管理、建立安全通道和应急疏散预案、安装消防设备和维护消防通道、加强入驻企业的安全管理、加强物业安全宣传等多个方面入手，以确保写字楼的安全和稳定。

3. 推行智能化物业管理

随着科技的发展和物业管理的日益复杂，智能化物业管理已经成为趋势。推行智能化物业管理，可以实现物业管理的高效、精准、自动化，提高物业管理的水平和品质，助力物业管理企业高质量发展。具体措施如下：

（1）应用物联网技术。物联网技术可以实现物业管理的自动化，通过传感器、互联网和云计算等技术实现设备的远程控制、数据的采集和分析，提高设备的运行效率和管理水平。

（2）建立智能化管理平台。建立智能化管理平台可以实现对物业管理的集中监控和管理，通过数据分析和决策支持，实现管理的高效化和精准化，提高物业管理的水平和品质。

（3）推行智能化安全管理。智能化安全管理可以实现设备的自动监控和预警，通过数据分析和决策支持，提高安全管理的精准度和响应速度，降低安全事故的风险。

（4）推广智能化服务。智能化服务可以实现服务的自动化和个性化，通过数据分析和人工智能等技术，实现服务的快速响应和满足客户的个性化需求，提高客户满意度和口碑。

（5）加强数据安全管理。智能化物业管理需要大量的数据支撑，因此需要加强数据的安全管理，确保数据的完整性和保密性，防止数据泄露和滥用。

总的来说，推行智能化物业管理，可以实现物业管理的高效、精准、自动化，提高物业管理的水平和品质，促进物业管理行业的发展。这需要从应用物联网技术、建立智能化管理平台、推行智能化安全管理、推广智能化服务、加强数据安全管理等多个方面入手，以实现智能化物业管理的目标和效果。

4. 完善客户服务体系

客户服务是写字楼物业管理的重要组成部分，是衡量物业服务质量的重要指标。完善客户服务体系尤为重要，可以增强客户对物业服务的满意度和信任度，促进物业服务企业的长期发展。具体措施如下：

（1）建立客户服务中心。客户服务中心可以提供 24 小时不间断的服务，对客户提出的问题进行快速响应和解决，提高客户满意度和信任度。

（2）提供多种服务渠道。除了电话、邮件等传统渠道，还可以利用微信公众号、App 等多种服务渠道，让客户能够更方便地获得服务，并根据不同渠道提供个性化的服务。

（3）建立客户档案。对客户的需求和反馈进行记录和归档，建立客户档案，为客户提供个性化服务和做好客户关系管理提供依据。

（4）加强员工培训。加强员工的业务培训和服务技能培训，提高员工的服务水平和服务意识，为客户提供更优质的服务。

（5）提供增值服务。除了基本的物业服务，还可以提供增值服务，如打印、洗车、代购等服务，提高客户的便捷性和服务体验。

总之，完善客户服务体系可以增强客户对物业服务的满意度和信任度，促进物业服务企业的长期发展。需要从建立客户服务中心、提供多种服务渠道、建立客户档案、加强员工培训、提供增值服务等多个方面入手，以实现客户服务体系的完善和提升。这需要物业服务企业认真落实、持续推进，并不断优化和改进，以达到更好的服务效果和客户满意度。

第二节 医院物业管理研究

一、医院物业管理发展梳理

医院作为为患者提供医疗服务以及进行医学教学和科研活动的特殊场所，在社会上一直占据着较为重要的位置。随着物业管理行业的蓬勃发展，医院管理也逐步成为物业管理的重要业态，并且越来越多的物业服务企业开始涉足医院物业管理。伴随医疗行业的不断发展，其在物业管理市场中呈现出多元化的需求。目前，物业管理行业在市场中仍处于高速发展阶段。随着国家经济水平的持续增长，医疗改革的不断深入，人民生活水平在日益提升的同时对医院物业管理提出了更高要求。为了保证医院物业管理在未来有更好的发展，物业服务企业不仅需要运用现代科学管理手段与专业技术，还要将精细化管理、多元化服务、规范化经营融为一体保证其正常运行，并根据医院特色形成规范化的物业管理模式。

医院物业管理是指物业经营者运用现代科学管理手段和专业技术，融管理、服务、经营于一体，对医疗机构的后勤系统实施全方位、多功能的统一管理的活动，其特点是为医疗机构的使用人提供全面、高效、节约、有偿的服务。服务对象是病人和医院职工，基本的要求是统一、规范、科学、高效、安全和协调。

二、医院物业管理的研究现状

物业管理是医院服务工作过程中必不可少的，医院物业管理的功能需要为医务人员和病人提供优质的服务，保障医疗工作的顺利进行，创造一个安全、文明、整洁、舒适的环境。良好的物业管理可以帮助医院树立品牌形象。张林华（2018）认为，医院是一个特殊场所，医患更是一个特殊的群体，为医院创造出井然有序的环境，为医患营造和谐融洽的医疗、康复环境，是物业服务企业当前最大的责任。在医院业态下，企业保持良性发展，需要有自己的文化精神与目标。沈建忠（2018）提出国内有接近九成的医院选择将非临床服务外包给专业企业，而承担外包服务的企业专业化程度有待提高。对于专业的医院物业服务企业来说，仍存有很大的市场拓展空间。医院物业服务的标准化，是一个非常重要的问题。金占勇等（2019）提出医院物业管理企业在不断前进的过程中，应该不断摸索、创新、总结经验，逐步建立一套科学、有效的管理机制。与此同时，企业应该加强思想建设，制定科学合理的管理制度，加强物业管理技术人才的培训，促进整个医院物业管理现代化发展。医院物业服务企业需要紧跟医疗改革的步伐，提升医院的市场竞争力。李璐（2020）指出，传统物业管理的本质是对物的管理和对人的服务，而医院物业管理需求则具有鲜明特征，它涵盖了非临床服务的各方面，并且更具专业性。随着我国公共医疗卫生事业的快速发展，医院物业管理的各类短板日益凸显，需从制度、资源、管理方式、技术手段等层面优化服务水平。王志成（2022）指出，医院物业管理是推动医疗卫生事业发展的重要力量，物业服务企业应构建一整套有效的物业管理服务模式，既要加强对其服务质量的综合评价，也应通过系统性分析了解医院诉求，实现物业管理服务的针对性，营造良好的就医环境，进而为我国医疗卫生事业的健康发展保驾护航。陈佳佳（2022）指出，在众多物业管理业态中，医院业态的物业管理因场所的复杂性、服务对象的双重性与特殊性，成为物业管理难度较大的业态。医院物业管理的功能除了为医护人员和病人提供优质服务和高效管理，创造安全、文明、整洁、舒适的环境外，还必须保证医院的工作秩序。如何更好地为医护人员及患者提供服务，发挥医院物业管理的最大价值是物业管理企业所要面临的课题。李运海（2022）针对医院物业管理提出相关建议，要制定医院物业管理标准，使医院物业管理逐步进入标准化。标准化建设是医院物业管理企业必须落实的，不仅可以全面提升医院综合服务水平，还可以实现物业服务企业价值最大化。

针对物业管理研究，国外相关专家学者研究起步较早，研究内容与形式相对比较广泛。通过对比国内外的物业管理行业，发现国外物业管理行业的发展相对成熟。国外的医院物业管理模式与我国有着较大的差距。Marit 等（2014）基于行动研究方法，借助实地调查、问卷调查、文献研究、文献分析等手段，了解挪威专科医疗保健服务公司物业管理面临的主要挑战，分析问题产生的原因，同时提出具体对策。

目前，对于医院物业管理研究较为薄弱，只有少量学者介入这个研究领域。国内外学者对于医院物业管理的研究成果主要表现在以下几个方面：一是专业性人才与专业化服务对医院物业管理来说是较为重要的；二是医院数量的极速增加导致物业行业对其介入管理困难；三是医院物业管理与常见的物业管理是有很大区别的，要根据医院物业管理的特点，构建合适的规章制度。

三、医院物业管理的特点研究

自改革开放以来，城市化服务水平逐步提高，我国各项规章制度、政策较过去相比得到了完善的发展。医学模式不断从"生物"到"生物—心理—社会"发生改变，不像最初单纯为患者救病治疗，而是在此基础上进行了多方面的整合，能够帮助患者在康复过程中建立积极的心态，使身体充满活力。医院管理模式的不断转变，促使现代化的医院物业管理在多个方面也提高了要求，如人员素质与基础能力、医院卫生条件、设施设备的升级等。因此，现代医院物业管理的特点包括以下特征：

（1）具有专业性与服务性。

患者既是服务对象，也是医院物业管理重要参与主体。医院不仅需要为患者提供专业的理论基础和科学的治疗方法，还要为患者提供一个及时、准确和周到的服务。优质的专业化物业服务可以给患者带来满足感与信任感。

（2）具有技术性与不间断性。

医院是救治患者，与时间赛跑挽救生命的场所。医院业态物业管理与住宅或写字楼业态相比较，不同点在于医院基础设施及患者手术后维持生命的机器设备都是需要 24 小时不间断地运作，是无法通过停水、停电的方式进行调试、更新或大修。为保障设施设备的正常运行，对医院物业管理人员提出了更高的要求和标准。

（3）具有计划性。

医院的人员流动性强、楼栋数量多、整体面积大，在整体管理方面有一定困难，易出现突发事件。因此，医院物业管理要针对不同类型的突发事件，提前制定一套精细化的解决预案。例如，在医疗纠纷中，患者家属可能会因为对医生在说话态度方面或专业技术方面感到不满与其发生言语或肢体冲突，这时就需要物业管理企业提前备有一套完整齐全的预案，更好地处理此类事件，确保良好的医疗环境。

四、医院物业管理的原则研究

（1）坚持党和国家对卫生事业的定位及方向。

（2）坚持国家对物业管理的标准、法规和质量认证。

（3）坚持以病人为中心，以医疗为中心。

（4）坚持国有资产保值增值。

（5）坚持以人为本，人性化的理念，视服务质量为生命。

（6）坚持讲究经济效益，严格核算和财务管理。

（7）坚持先进、科学、经济、合理原则。

（8）坚持节能、减排、绿色、环保、安全原则。

五、医院物业管理内容

（1）医院安保服务管理。

医院作为为患者提供医疗服务以及进行医学教学和科研活动的特殊场所，采用"开放式"的管理方式。这种管理方式导致医院人员复杂，流动性强，并且医院里建筑多、面积大，在管理难度上有着一定的困难。因此，医院内部的安保人员更要加强对医护人员的安全保护，这主要包括对车辆进出停放的管理、人员管控的管理、维护医院就医秩序、确保医院与患者在院内的财产安全，以及24小时的高效巡视和值班制度，反复交叉进行巡逻，确保区域的安全。除此之外，要留意观察院内的突发事件，做好预案，如打架斗殴、医患冲突、突然死亡等。

（2）医院清洁卫生及绿化管理。

医疗垃圾具有空间污染、急性传染和潜伏性传染等特性，若处理不当，会对人民群众的生命健康和自然环境造成重大威胁。因此，医院作为病毒传播的主要场所，为保障到院就诊人员的身心健康，清洁绿化方面要引起高度重视。首先，在处理医疗垃圾的过程中，物业服务企业可以根据医疗垃圾的特性，逐渐探索出医疗垃圾处理的模式，例如，闭环管理模式、集中处理模式、资源再利用模式。其次，在清洁卫生方面，医疗垃圾根据各科室的标准，进行多方位的消毒清扫；定期安排垃圾箱、医疗废品箱的洗刷与消毒；定期做好卫生死角的清理，防止蚊、蝇、鼠的滋生。最后，医院园林绿化设计不仅能改善医院生态环境，而且良好的医院环境可以帮助就诊人在心理、精神状态和情绪等方面起到好的作用，对人们嗅觉、视觉等方面产生积极影响。

（3）医院设施设备的管理。

医院设施设备的种类繁多，如电梯、空调、消毒灭菌设备、病房护理设备、手术设备等。在使用初期，它们的重点在于日常养护，此时所要消耗的资金很少，但随着设施设备步入"中年"，特别是设备的一些零部件出现不能正常使用的情况时，重点在于检修，此时资金的消耗开始增加；当设施设备步入"老年"，很多设施设备出现不能使用的情况，这一时期的重点在于大修或更新、更换，这时需要垫付的资金量达到最大。因此制定合理的规章制度，有助于在成本上的节约。

（4）医院导诊咨询服务管理。

医院导诊服务的好坏，直接影响到患者及其家属对该医院的第一印象。医院导诊人员要将亲和、迅速、有效、专业等作为主要理念。熟练掌握医院内的基本情况，着装整洁，仪表端庄，面带微笑，时刻关心患者，及时向他们提供导向、咨询、迎送等特殊信息的服务功能。

（5）病区被褥用品洗涤及供应管理。

主要包括对病房内床单，被罩，枕头等必需品的收集、清点、分类处理。把具有传染性的以及被血、便、脓污染的衣物被褥进行密封处理。将患者的被褥、衣物与医护职工的工作服进行分开处理，遵守衣物的洗涤标准，进行清洗消毒并按照各科室的数量需求进行分发。同时检查物品的损坏情况，做好记录。

（6）护工服务管理。

医院护工较之于普通人，具备更多的医学基础知识，是患者家属的可靠人力助手。医院护工可以帮助患者保持清洁，避免伤口感染等；满足患者的日常基本需求；能够帮助患者家属及时照看病人，减轻了家属的工作负担；还可以通过日常陪护的过程中协助主治医生观察病人的病情，能够帮助患者得到更及时的治疗。

（7）开设与提供多元化服务管理。

随着社会的进步发展，人们的生活质量不断提升，医院从传统的救治服务发展到按照服务对象的不同需求开展了各种多元化服务，为患者以及家属提供更为便捷的服务。

六、医院物业管理要求

（1）抓服务质量关键控制点，促进保安工作高效运作。

由于医院楼宇多、管理范围广，因此要推出行之有效的治安管理和服务措施。首先，将整个管理区划分为大门岗、门诊楼、住院楼、综合楼、住宅楼、停车场六大控制点。每一个控制点都有明确的工作职责和服务质量标准，如门诊楼的保安员不仅要做好治安值勤工作，与大门岗保安员一起接应救护车、帮助病人，还要完成维持就诊秩序、导诊、咨询、空调与灯光控制等工作。停车场保安员要完成车辆监控、引导车位和收费等多项任务，并与大门岗保安员共同完成车辆疏导工作。对每项服务都制定相应的质量标准，如空调与灯光控制，需要何时开几盏灯都有明确规定，并进行监督检查，落实到位。

采取群防群治的治安管理措施。医院属于开放式场所，人员流动量大，相较于一般住宅而言，治安管理难度大。一方面，要狠抓内部管理，实行岗位责任制；另一方面，要认真培训和增强医务人员的自我防范意识，让医院和物业管理企业共同努力搞好治安管理工作。发现可疑人员立即通知保安员，使治安管理工作防患于未然。

（2）彻底转变服务观念，提供主动式维修服务。

医院物业管理要求用新的管理思想、管理手段管好物业，为医院和病人提供优质、高效、便捷的服务。机电维修部门严格按照 ISO9002 质量保证体系规范运作，着装、文明语言、维修质量、工作记录都做到一丝不苟。维修人员要改变"接听电话再行动"的被动服务习惯，变成不定期主动上门服务，及时与科诊室、住（用）户和病人沟通，收集机电维修信息，发现问题及时处理，从而形成主动维修服务的面貌。

供水、供电、电梯、空调、消防及洗衣机等设备是医院的重点设备，不能出半点差错。为保证设备正常运作，必须将重点设备保养工作责任到人，并制订各项设备保养计划、标准和监督检查制度，制定停水、停电应急处理程序，以保证医院后勤工作的顺利进行。

（3）实施劳动定额管理，提高清洁服务质量，降低管理成本。

量化管理是实施质量体系标准的基础，劳动定额管理是量化管理的重要内容。物业服务企业应确保每一位清洁员都能按照服务标准，在规定时间内满负荷工作。对每一张台、每一张床、每一个病房都设定明确的清洁时间标准，根据各清洁区总劳动量确定清洁员名额，合理调配人员。

（4）实行严格的考核制度，建立有效的激励机制。

对每位员工的工作表现及其绩效给予公正而及时的评核，有助于提高员工的工作积极性、挖掘潜力，从而不断提高管理成效。物业服务企业应建立质量体系，实施日检、周检、月检的考评制度，还要针对实际运作状况制定详细的奖罚细则及岗位工作质量标准。采用量化考核，用数字说明，用分数表达，以体现考核的准确性。考核结果作为月底发放工资、评选月份优秀员工的依据，也是员工升降级的主要依据。通过采取严格的考核制度，激励员工认真完成自己的职责，保证医院物业管理的质量。

七、医院物业管理面临的环境及发展趋势分析

（1）医院数量上的变化。

近年来，随着国家经济水平的持续增长，人民群众的生活水平日益提升，对医疗健康水平方面的重视也逐渐提高。与此同时，国家对我国医疗行业的发展也高度重视。我国医疗资源在相对紧缺的背景下，通过新建、改建、扩建等方式增加了医院资源规模。医院规模的增加，使物业服务企业在医院业态管理的市场上具备较大的上升空间，医院业态的物业管理通过自身不断发展，成为我国物业管理行业的一个重要领域。

（2）医院业态在总业态中占比的变化。

随着各种业态物业管理数量的增加与城市化服务水平逐步提高，物业管理行业从无到有、从弱到强，迅速成长为如今的一个相对成熟稳定的行业。物业管理行业的发展，为社会和经济都创造出了巨大的效益，并以专业化的服务提高城市管理效率、方便了人们的生活。从行业发展的大方向来看，物业管理市场是处于动态变化之中的。住宅物业、商业物业、写字楼物业的蓬勃发展，使物业服务企业涉及越来越多的物业业态之中。近年来，医院业态的物业管理面积占比一直处于上升阶段。

（3）医院物业管理的发展趋势。

整体而言，医院业态物业管理已逐步进入发展阶段，但医院物业管理的市场占比仍然较小，行业的集中度目前不高。在未来的发展趋势中，医院物业管理人员将进一步秉承为人民服务的态度。营造良好的氛围，主动关心医院物业管理人员，增强物业团队的凝聚力为医患提供更优质的服务。除此之外，要大量引入并运用智能化、信息化技术，更好地引进科技创新进入医院物业管理领域，如 AI 机器人。当患者独自来到医院就诊时，AI 机器人通过对话聊天的方式缓解患者的紧张感；或在病房内部时，AI 机器人通过进行上门送货服务帮助患者家属提供日常必需品。这样不仅为患者提供温馨的服务，省心省时，还可以提高医护人员工作效率，减少医患问题，节约成本。

八、医院物业管理面临的问题分析

（1）服务过程中专业型人才缺失。

目前，在医院物业管理队伍中相关专业的专业型人才缺失，多数为非专业人士参与其中工作，学历层次普遍较低，接受专业知识和技能较慢，对服务过程中的内容不熟悉，无法更好地为医患带来优质的服务体验，在物业服务企业要求提供更优质的服务时，往往无法满足医院物业管理的实际需求。

（2）服务过程中资金成本短缺。

在开展的物业服务管理中，企业会由于多种服务项目的增加，出现经营成本增加导致医院物业管理在资金链上出现资金周转不开或资金短缺等问题，从而影响医院物业管理工作正常运行。

九、医院物业管理模式探析

（1）"标准化+制定化"服务模式。

成都某医院始建于 1943 年，是一所集医疗、护理、康复、教学、科研于一体的"三级甲等"综合医院，开放的床位有 1100 张。2020 年 1 月，物业服务企业正式入驻此项目，企业利用物联网、云计算等网络技术为该医院打造出报事保修、总控调度、数据分析于一体的综合信息枢纽。为医院提供安全高效的工作保障的同时，也为医护人员与患者提供了暖心的服务与舒适的医疗环境。

物业服务企业结合该医院的自身特点，制定了"标准化+定制化"的服务模式，是以精细化、标准化为主要抓手，制定了严格的院内管理规范、清洁服务和严格的医疗废物处理等机制，最大限度地降低了病毒感染风险。

其主要内容包括在院内大厅创建了预检分诊、就诊咨询、导梯司乘、诊室辅助等全闭环指引服务流程，方便患者进行就医；为医院提供"标本的运送、病员的送检、物品药品的运送、报告的发放"等一站式中央运输服务，帮助各科室维护治疗秩序、为各科室提供了所需物资，营造了人文关怀的和谐氛围。除此之外，针对突发事件制定了预案，并与当地派出所联合开展工作，以人防、物防、技防相结合的形式实现人车管理，打造安全的就医环境。

（2）"武汉模式"。

物业企业坚持标准引领，质量强企的发展理念，在医院业态物业管理标准化中进行着不断研究与探索。在制造标准和达到标准两个赛道上，共克时艰，不忘初心，砥砺前行，最终在企业创新发展的道路上取得成功。从一开始的"三无"窘境，即无标准体系、无标准指引、无标准监管，再到引进现代物业管理理念，打造出"三标合一"的贯标体系，正式开启了医院物业管理的标准化建设道路发展。正是由于物业服务企业在发展过程中建立的工作保障机制与具体措施，使标准化广泛应用，对促进物业服务行为的规范化运行、精细化管理、优质化服务有着示范效应，被命名为"武汉模式"。

在该模式中引进了质量管理体系，贯穿于环境管理体系和职业健康安全管理体系中。例如，在质量管理与环境管理体系可以看出医院中不同区域的消毒标准都是不同的，即污染区域使用红色毛巾，半污染区域使用黄色毛巾，清洁区域使用绿色毛巾，要求三个区域不得混合使用保洁器具，并要按照规范存放，及时清洗消毒，保持各区域无污渍、无沙石、无蚊蝇鼠，以防止交叉感染。在物业服务企业的标准中，包含了医院清洁服务标准、秩序维护服务标准和司梯服务标准等。

医院物业的标准化试点项目形成物业服务行业的"武汉模式"。打造了医院物业管理服务的规范化品牌，树立了物业行业的服务品牌，引领了医院物业管理的发展；推进了物业企业的高质量发展；提升了医院物业管理在社会上的价值。"武汉模式"的建立在社会与行业中引起了强烈的反响，在商业、住宅等领域也将打造一批服务行业的标准化试点，用以提升服务质量，走出一条拥有武汉特色的标准化发展道路。

（3）"家医物业联动"服务模式。

烟台市某医院，位于烟台市芝罘区，是一所以老年病和心血管疾病防治为重点，集预防、医疗、保健、康复于一体的综合性医院。为机关干部、离退休老干部定点的医疗单位，是城镇职工、居民医疗保险的定点单位。2021 年 9 月，烟台市在社区开启了与烟台市某医院和物业企业联动开展的"家医物业联动"服务模式。

时间就是生命，健康就是财富，此联动模式优势在于：一是提升了社区的医疗卫生服务水平和社区居民的幸福感与安全感；二是物业服务企业对社区的情况熟悉，与医院雄厚的专业实力实现优势互补，密切合作，更大限度地保障了社区业主的健康；三是全力为业主的健康保驾护航，提高救治效率。

（4）不同物业管理模式对比总结分析。

在以上三种医院物业模式中，探索出了各模式独有的特色。首先，通过对"标准化+定制化"服务模式的研究可以发现，该物业服务企业在医院管理过程中以标准化为基础，不仅对院内的规章制度、清洁消毒和医废处理有着严格的要求，还对各岗位上的服务人员也有着不同要求，并根据各区域的要求制定更为严谨的相关规范。每个岗位相关人员的工作是什么，应该做到哪些标准，怎样做可以为医患提供便捷。努力在专业、安全、智慧等方面为医患提供更为舒适的工作、治疗环境。

其次，"细节决定成败"，大家平常不关注的点，就有可能会导致企业出现问题。在"武汉模式"中，企业更关注医院"质量"的管理。不同区域使用的毛巾是不同的；病房橱柜里的物品放置是有规范的；针对地面、玻璃、卫生间等场所消毒的计量和次数也是不一致的。这些都体现在工作人员的专业性、服务管理的专业化中。这不仅有效地提升了医院管理的工作效率也对医院的宣传有着积极的作用。

十、医院物业管理水平提升路径研究

1. 注重引进与培养人才

人才是企业发展的重要资源，是强院之基，转型之要，竞争之本。在专业性人才缺失方面可以通过以下方法进行优化：

（1）选聘专业对口并了解本行业的人才。

企业可以通过网络招聘，挑选出在物业管理行业工作多年、经验丰富的人才，也可以通过到各高校参加校园招聘会，开展分享会、人才交流会等选拔物业管理专业的应届毕业生。这不仅可以避免因不了解物业行业入职后反差巨大而离职的情况，而且有了这些人才的加入，企业在物业管理市场中能够更好更快地得到发展。

（2）为了培育与留住企业人才，实施绩效考核和奖励政策。

首先，在绩效考核方面，因物业服务企业的服务项目是医院，医院与其他业态的标准、管理方法有着一定的区别，要不断完善该企业的绩效考核标准。用这些标准引导着员工在工作中要符合各项要求。这种方式优胜劣汰，逐步优化企业自身的人员资源结构。其次，在奖励政策方面，企业可以针对医院业态物业管理制定"优秀人员奖""模范先锋奖"等激励员工，为获奖的员工提供精美礼品或奖金，激发企业员工的工作能力，为企业培养高质量人才团队。

2. 利用多种资源增加收入

针对医院物业管理服务过程中资金成本的短缺有着以下优化对策：

（1）企业可以利用自身资源在医患群体中提供增值服务。

在院内开展多种便民服务，如自动售卖机、超市、食堂、花店，帮助患者或家属提供跑腿服务增加特约服务收入；此外，争取政府的资金支持与帮助，拓展收入渠道；还可以挖掘公共资源，如医院内的 LED 屏幕、电梯轿厢内部、楼层外墙进行广告的投入使用，收取广告推广的费用，引入合适的商业活动与医院进行合作，并收取场地服务费用等。由图 5-1 可以看出现代医院物业管理服务体系的改变。

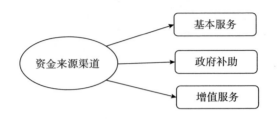

图 5-1　资金短缺的优化对策

（2）推动互联网技术，实现网络资源。

医院是一个人流量巨大的场所，每天都有来自不同地方的患者前来就医。企业可以通过互联网、物联网等技术，开展"云服务"程序。帮助在院内得到治疗且要进行康复的病人或慢性疾病的病人提供线上问诊服务。除此之外，还可以为社会群众提供在线咨询、心理疏导、健康评估等。通过网络技术开展额外收入，不仅最大化地优化院内人流量，还帮助患者解决"看病难"的问题。

3. 创建目标，共同发展

（1）创建企业文化，加强团队合作。

企业文化的建立应根据医院物业管理特点，以提高员工的精神文化，形成公司特有的精神面貌。文化、目标的统一建立有利于医院物业管理工作的开展。用自己的工作能力影响和带动成员，勇于表露出自己的缺点与不足，展示出更为真实的自己。此外，企业要保证在客户提供需求服务中秉持利他主义价值观，利用专业知识基础，运用科学的方法技巧进行工作的开展。

（2）完善公司制度，提升管理能力。

良好的规章制度，可以使企业更规范化，促进员工可以提供更好的服务。企业根据自身的特色及要求，制定出完善的公司制度，并通过开大会、宣传会等方式让员工了解制度、学习理论。以提升其思想，杜绝发生损害公司面貌与危害国家利益的事情。打造出"高标准，高质量"的人才队伍，以推动企业发展作为人才培养目标。对企业、项目做出贡献的员工给予表彰与奖励，让项目中的人才公平竞争。

4. 汲取经验，优化模式

（1）在实践中发现不足，及时反思总结。

实践是检验真理的唯一标准。企业将现有的模式正式投入医院实践，在为服务对象提供需求过程中，通过具体的观察，发现其存在的问题。及时与公司上层进行汇报，企业共同进行复盘，评估该模式的优缺点，针对存在的缺点不断优化该模式。

（2）融合优化，弥补短板。

现阶段已不再是"活到老学到老"了，而变成了"学到老活到老"的时代。企业面对这些竞争压力要不断提升自己，与时俱进，适应当前大时代的环境与变化。可以在探寻其他企业管理模式的同时，吸收其优点，弥补自身的短板。在原有的模式上进行融合优化，帮助企业在未来市场中蓬勃发展。

第三节　产业园区物业管理研究

一、产业园区物业管理的研究现状

随着国家对战略性新兴产业的大力支持，各地政府也相继出台一系列强力举措，如加大新型基础配套的发展、激励重点行业的技术创新，以及建立多个自由贸易试验区，为产业园区的发展提供更多的支持，为国民经济可持续性发展提供强力支持。这些政策的出台为产业园区发展提供了更多的发展机遇和空间，促进了企业技术创新和转型升级，推动了经济的持续稳定增长。在产业园区服务链中，物业服务作为最重要的软性服务之一，日益成为产业园区服务体系中的重要环节。在国家利好的政策下，物业服务随着产业园区的发展被普遍推广。现在越来越多产业园区重视经济的发展，原有的物业服务已经跟不上现在园区的发展速度。

面对如今的产业园区，物业服务企业要主动承担起应尽的责任，提升产业园区服务水平，提高核心竞争力，提供多元化特色服务，以更好地服务产业园区。

借改革开放的契机而发轫，伴随着社会经济和城市的发展而进步，在遍布我国大江南北的诸多城市，产业园区经济日渐兴起。物业管理行业经历了四十多年的发展，近些年随着人们需求的不断变化，物业行业整体环境发生了较大变化。

在我国经济社会不断发展的背景下，园区经济是目前重要的经济形式，园区经济发展已成为我国城市发展的重要推动力。纵观产业园的整个发展历程，我国产业园区物业管理服务起步较晚，但是依托国家政策支持、行业转型升级的机遇，发展速度开始进入倍速增长阶段，部分优秀物业公司在转型升级中成为行业"领头羊"。宇丽军（2021）致力于推动产业园区的交流合作，包括人工智能、机器人、医药、生物和 IT 在产业园中的应用。帮助产业园企业拓展市场，更好地发挥龙头辐射作用，促进产业园区的可持续发展。产业园区的建设有力地推动了我国新型经济的发展，也有力地促进了中国工业化、城镇化的发展，对区域经济发展形成了一定的重要的带动作用。

近年来，产业园物业管理行业迅速发展，随着社会的不断发展，人们的需求不断变化，产业园物业服务行业的整体需求也发生了大的变化。产业园物业服务已经成为一个复杂的系统工程，需要充分了解产业园区客户的不同需求，形成特色的运营模式，才能收获良好的管理效果，提供高品质的产业园物业服务，从而促进产业园区的可持续发展。超前的服务意识和特色的运营模式是实现产业园物业管理效能的关键。产业园物业服务是现代服务业的重要内容，是产业园区治理的重要部分，关系产业园区人民群众切身利益，关系现代城市生活品质，关系产业园基层社会稳定。产业园物业管理已经成为现代服务业不可或缺的组成部分，并且越来越展现出新的发展势头，越来越多的物业企业认识到产业园物业管理向智能化转型升级的紧迫性。

　　邱菊颖（2020）从影响产业园客户满意度的因素着手，分析这些因素并将其细化，就客户满意度评价指标体系做了详细介绍，设计指标体系注重科学性与合理性相结合，客观真实地反映实际情况。沈建忠（2019）从管理的智慧化、标准化、专业化角度，提出了新时代产业园物业管理智慧化发展的要求，以提升客户满意度。

　　产业园物业服务行业进入转型升级、产业发展的新时代，企业将要面对全新挑战，随着社会不断进步、经济稳步发展，产业园区内企业的要求不断提高，物业服务企业也要及时调整对策以应对市场提出的更高要求，创新工作方法与内容，提高产业园物业服务企业的市场竞争力。日新月异的高新科技同样也给企业带来了前所未有的发展机遇，通过互联网、大数据、信息技术等载体，聚焦于就业—居住空间，帮助企业打造智慧云系统，实现线上线下协同服务，提高物业服务水平。产业园区物业管理作为产业园区服务链中最重要的软性服务支撑之一，是产业园经济发展的基础和保证，也是促进产业园健康发展的重要途径。

　　国外研究主要集中于各因素与职住平衡的相关关系，对职住平衡加以定义与解释，为产业园区物业管理的职住平衡趋势进行梳理与厘清，同时聚焦于产业园区领域总结物业管理模式，分析物业管理模式的优缺点（见表5-1）。Zheng 等（2021）探讨建筑环境与职住平衡的关系，明晰建筑与不同基础的职住平衡关系的差异程度与不相关度。Huang 等（2021）通过对比北京和上海的职住平衡比，反映职住平衡与城市空间结构的联系，对城市规划与交通网络设计提供指导意

基于多业态视角下的物业管理困境及解决路径研究

义。Zhe 和 Bindong（2012）分析职住平衡与城市通勤的关系，提出解决办法与规划策略。Dehao（2012）总结工业园区物业管理的概念定义及工业园区的物业管理模式，同时分析各种模式的优缺点，帮助物业服务企业选择和优化物业管理模式。

表 5-1　文献综述总结

研究视角	研究主要内容	文献
职住平衡	探讨职住平衡的影响因素，厘清职住平衡与各因素的关系，梳理产业园区物业管理的职住平衡趋势	Zheng 等（2021），Zhe 和 Sun（2012）
产业园区物业管理	对产业园区物业服务的作用与意义以及物业管理的措施与方法加以阐述，总结物业管理模式及其优缺点，剖析范本经验，提供借鉴方向	宇丽军（2021），邱菊颖（2020），沈建忠（2019）

资料来源：笔者根据文献综述归纳总结。

当今时代，产业园区物业管理的一大特征是职住平衡化，产业园区带动区域经济发展、推动产业转型升级，其产业特点决定了高级白领在企业员工中占比较大，提出更高的生活质量需求；与此同时，"90 后"员工开始大量出现，并对生活质量提出更高的要求。在实践中，职住分离、重产业轻生活的园区已难以满足需求。产业园区物业服务企业在服务过程中需要充分考虑就业与居住的平衡，通过提供优质的物业服务，提高企业的服务水平，开发物业的整体功能，夯实基础服务，开展增值服务，以满足人们在居住生活、休闲娱乐、社会交际等多方面的需求，吸引人才引进与居住。

产业园区是由政府或企业投资兴建的集中发展特定产业的区域。这些区域通常配备完善的基础设施和支持服务，如道路、桥梁、电力、水利、通信等公共设施，以及企业办公场所、研发中心、生产基地等专业服务设施。产业园区通常会通过提供各种优惠政策和便利措施吸引企业入驻，促进该产业的发展。例如，提供土地使用、税收优惠、贷款支持、人才培训等方面的支持。产业园区的建设可以促进当地经济发展和产业升级，提高技术创新和竞争力，创造就业机会。在不同的国家和地区，产业园区的名称可能会有所不同，如科技园、创新园、经济技术开发区、工业园区等。

· 138 ·

二、产业园区物业管理的特点研究

（1）产业定位"四新化"：园区物业将产业定位作为其核心，特别是对技术、新型产业、新业态和新模式的园区。这种"四新化"的产业定位旨在形成良性的产业生态，其中涉及的空间设计、招商、服务和运营管理都是为了满足特定产业的需求。

（2）链接平台化：与传统的园区不同，现代的园区物业管理注重产业主体的多样性和强关联性。这有助于各种产业之间建立紧密的联系，形成一个协同发展的生态系统。

（3）基础服务保障：由于园区内的企业和工厂常常是连续生产，所以确保基础设施如供电、供水、供气等的正常供应至关重要。任何中断都可能导致巨大的经济损失和连锁反应。

（4）了解生产特点和制定严格的管理条例：每个产业园都有其特殊的行业特点，因此园区物业管理需要深入了解这些特点，并制定相应的管理规定，以确保生产的正常进行。

（5）高度专业化的配套服务：工业园区通常位于城市的边缘或远郊地区，因此需要提供各种辅助服务如门卫、餐厅、浴室和仓储运输等，以确保一线生产的顺利进行。

（6）早期介入的重要性：由于很多工业园区在建设初期可能不太重视物业管理的早期介入，这可能导致后期运作和管理服务的诸多问题。因此，做好物业管理的早期介入是至关重要的。

综上所述，园区物业管理不仅需要提供基础的服务保障，还需要根据园区的特性和需求，提供高度专业化和定制化的管理服务。

三、产业园区物业管理面临问题分析——以某产业园为例

（1）物业管理投诉平台不完善。

如图5-2所示，从某产业园调查情况统计来看，对投诉平台满意的占13.64%，较满意的占31.82%，一般满意的占36.36%，不满意的占比为18.18%。如图5-3所示，在有意见的客户当中，投诉渠道不明确的问题最多占

到 61.36%，其次就是无专门投诉中心占到 47.73%；投诉机制不健全和投诉处理杂乱，分别占到 36.36% 和 34.09%，还有就是投诉定性机制不健全，占到22.73%。这个调查与当前产业园区的状况是一致的。产业园区提供给客户的投诉平台并不完善，这使得园区内的客户满意度下降。

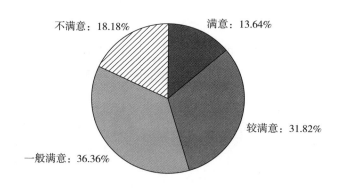

图 5-2　投诉平台满意度

资料来源：笔者根据问卷调查得到的数据处理分析绘制。

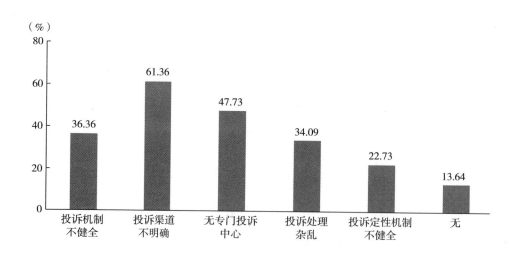

图 5-3　投诉方面的问题

资料来源：笔者根据问卷调查得到的数据处理分析绘制。

（2）物业服务内容单一化。

现在产业园区服务相比于传统物业服务来说还包含着法律服务、人力资源服务、招商引资服务、工商财税等，但有些产业园区物业服务只提供传统物业基本的保安、清洁、维修等基础服务，只专注于自身擅长的某个领域，缺乏更具专业性和差异化的服务，无法提供个性化的服务要求，不能满足企业日益多样化的需求。

如图 5-4 所示，根据调查产业园区从服务内容的角度来看，客户对园区的服务满意度不高，满意仅占 10.77%，认为服务存在部分问题，较满意的客户和一般满意的客户分别占到 33.85% 和 35.38%，对服务内容非常不满意的客户占到 20.00%。如图 5-5 所示，在这些不满意的问题中首先就是缺乏监管制度，占比为 52.20%，其次就是服务质量不高和内容单一，分别占到 38.05% 和 24.88%。

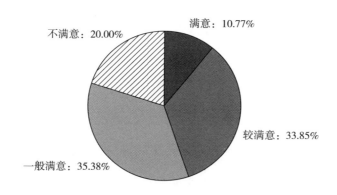

图 5-4　服务内容的满意情况

资料来源：笔者根据问卷调查得到的数据处理分析绘制。

（3）物业服务人员服务僵硬，服务水平标准不明确。

由于产业园区物业服务企业人员的水平和能力不同，服务质量低，服务企业考虑自己的成本，对服务人员缺乏专业的服务培训，服务人员的服务意识、责任意识、工作能力和沟通表达能力都有一定差距。此外，部分物业服务企业服务理念不强，服务人员的定位不清晰。服务标准是以客户满意度为核心，以产业园区作为标准化服务对象。

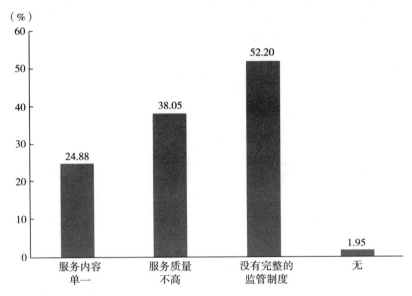

图 5-5　服务内容的问题

资料来源：笔者根据问卷调查得到的数据处理分析绘制。

如图 5-6 所示，据调查分析可得客户对物业服务企业提供的专业服务满意的占90.77%，其中一般满意的和较满意的均占 38.46%，满意的仅占到 13.85%，对园区的物业服务人员不满意的占到 9.23%。如图 5-7 所示，其中客户认为存在的问题中服务人员灵活性不高占比最多，占到 73.17%；其次为服务人员的专业性差的问题，占 48.78%；在服务意识差和服务水平差方面，分别占 40.00% 和 20.98%。

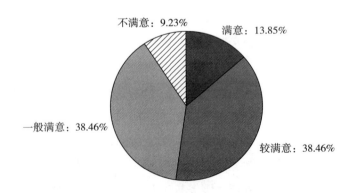

图 5-6　企业服务员工满意度

资料来源：笔者根据问卷调查得到的数据处理分析绘制。

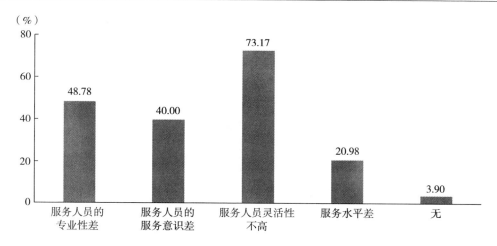

图 5-7 企业员工的问题

资料来源：笔者根据问卷调查得到的数据处理分析绘制。

（4）产业园区招商引资能力匮乏。

产业园区物业服务企业在价格上定位过高，使入驻企业难以承受，给企业带来了额外的经济负担。产业园区政策优惠是吸引招商引资时的有效手段之一，但是各产业园区之间的政策优惠互相攀比、互相模仿，优惠全由地方财政补贴，缺少了园区的特色，在招商引资上过度依赖政府政策，方式单一。高素质有水平的复合型人才在招商引资工作中起着关键的作用，招商人员的素质好坏是园区项目招商是否成功、是否顺利的关键。

从图 5-8 可以看出，驻园企业对园区的专业服务不满意的客户较多，很不满意和一般不满意的占 44.62%，满意的客户占到 6.15%，较满意的占 49.23%。如图 5-9 所示，从园区提供专业服务的角度来说，招商引资能力差占到了 52.68%，其次为工商财税能力不足、法律服务和人力资源均占一小部分，分别占到了 29.76%、21.95% 和 10.24%，园区在工商财税招商引资政策优惠上过度依赖政府，宣传力度小，在选用人才上不专业。园区提供的专业服务在行业标杆水平之下，仍有很大的进步空间。园区缺乏高素质复合型的招商引资人才。不能吸引更多优秀的企业入驻，而且增加了产业园区的开发成本，不利于产业园区的良性发展。

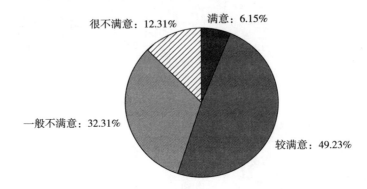

图 5-8   专业服务的满意度

资料来源：笔者根据问卷调查得到的数据处理分析绘制。

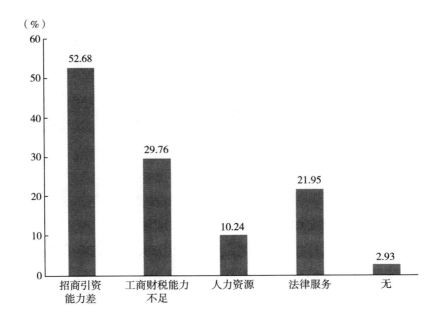

图 5-9   园区专业服务的问题

资料来源：笔者根据问卷调查得到的数据处理分析绘制。

（5）监管制度不健全。

目前企业入驻园区不只是看区域环境和发展实力，越来越多地注重园区的名声，园区一味地进行自身的建设，却忽略了在建设发展过程中对已经入驻的企业的质量的监管和评估，使一些不良企业得以存在和发展，给企业和园区带来了不必要的风险和损失。园区的每个岗位的负责人不明确，没有相关负责人去监督避免问题的发生，并在问题发生时无相关负责人处理。企业在入驻产业园区时，园区的风险评估能力不足，不能避免一些不必要的损失发生的同时服务质量也会下降。

四、产业园区物业服务水平提升路径研究

1. 提高物业服务水平标准

在产业园区物业服务水平提升对策中，物业服务水平标准化是至关重要的一步。物业服务水平标准化可以确保服务的一致性和稳定性，从而提高租户的满意度和信赖感。首先要制定服务标准，这是实施物业服务水平标准化的关键。标准应涵盖物业服务的各个方面，如维修服务、保洁服务、安全服务、客服服务等。标准应该明确具体，让服务提供商和租户都能理解和遵守。在确定标准的同时建立服务流程，针对每种服务，建立清晰的服务流程和工作指引。服务流程应包括服务内容、服务时限、服务程序、服务质量标准等方面。这样可以确保服务流程规范，服务质量可控。其次在服务人员上要培训专业化服务人员，物业服务水平标准化需要有专业的服务人员实现。服务人员需要接受相关的培训，了解服务标准和服务流程，提高服务质量。定期对服务人员进行绩效考核和培训，以不断地提高服务水平。还要建立监督和评估机制，对物业服务进行定期监测和评估。可以通过租户满意度调查、服务质量监控等手段进行监督和评估，及时发现服务中存在的问题，采取有效的措施进行改进。物业服务水平标准化还需要与服务提供商合作实施。与服务提供商签订明确的服务合同和协议，明确双方的责任和义务。同时，定期开展服务质量评估和服务合同履约评估，以确保服务质量和履约能力。

提升物业服务水平标准是提升产业园区物业服务水平的重要手段，需要在制定服务标准、建立服务流程、培训服务人员、监督和评估等方面做好工作。只有通过标准化的服务流程和服务质量控制，才能提高园区物业服务的品质和效率。

2. 提升服务内容多样化

据调查，园区物业的服务内容单一。产业园区物业想要服务内容多样化，首

先是提升设施管理、优化园区内的设施管理，包括以下几方面：一是保持设施的良好运行状态、定期维护和修理，以及引入先进的设备和技术，提高设施的效能和可靠性。二是积极推动园区内的环境保护和绿化工作。例如，开展垃圾分类和回收项目，推广节能和水资源管理措施，打造舒适宜人的绿色环境。三是强化园区的安全管理，包括安装监控设备、加强安保人员巡逻和培训，制定应急预案并组织演练，确保园区的安全和秩序。四是组织丰富多样的产业园活动，如健身、文化艺术、知识分享等，提供便利的生活服务，如便利店、餐饮服务、洗衣店等，满足群众和企业的日常需求。五是引入先进的信息技术系统，提供便捷的在线服务平台，包括物业报修、投诉建议、在线支付等功能，方便与物业企业进行沟通和交流。六是提供专业的咨询和顾问服务，帮助企业解决运营中遇到的问题，提供市场研究、法律法规咨询、招商引资等方面的支持。其次是提供创新孵化和创业支持，物业企业可以为创新型企业提供孵化和创业支持，提供办公空间、共享设施、导师指导、创业培训等资源，促进园区内创新创业的蓬勃发展。通过提供多样化的服务内容，物业管理可以提升园区的吸引力和竞争力，满足不同企业和居民的需求，营造一个高效、宜居、创新的产业园区环境。

3. 构建完善的物业投诉平台

从统计调查来看，客户对园区的物业投诉平台大多存在不满意的态度。国家在各个领域都高度重视投诉的举报处理。通常情况下，投诉的处置是保障大众权益的重要手段，也有利于促进各方面工作水平的提高。构建完善的投诉平台可以帮助物业服务企业更好地管理和解决客户的投诉，并提高客户满意度。想要完善投诉平台可以为客户提供多种投诉渠道，为了满足不同客户的需求，物业服务企业应该提供多种投诉渠道，如电话投诉、邮件投诉、在线投诉等。首先，物业服务企业可以设立专门的投诉中心，负责收集和处理所有投诉，并及时回复投诉者。其次，要确立投诉处理流程，建立明确的投诉处理流程，以确保所有投诉都能得到妥善处理。流程应该包括收集投诉信息、分析投诉原因、制定解决方案、实施方案并跟进等环节，并且在投诉流程中还要把投诉问题分类并处理，如按照紧急程度、投诉类型等分类，以便快速处理紧急投诉和有针对性地解决特定问题。设立好投诉反馈机制，及时反馈处理结果，以便客户了解问题得到解决的情况，并提供后续跟进服务。最后，统计分析投诉数据，对投诉数据进行统计和分析，以便物业服务企业了解客户的需求和反馈，及时发现问题并改进服务质量。

通过以上方面的构建和完善，物业服务企业可以构建完善的投诉平台，同时提高客户满意度，进而提高企业的声誉。

4. 强化服务质量督察

建立严格的责任问责制度可以帮助物业服务企业更好地管理和运营业务，并提高服务质量。

（1）确立责任人员。

明确每个岗位的责任人员，并在工作合同和岗位职责中明确其职责和义务，把每项工作具体到每个人，落实到具体责任人上。设立考核评估机制并制定绩效考核制度，定期对各岗位进行考核评估，以评估员工的绩效表现、服务质量和责任履行情况，并及时反馈评估结果，将员工的表现与责任和奖惩制度挂钩，对服务水平好、表现优越、在自己的岗位承担起责任，认真履行自己的义务的人员进行奖励，以激励员工为提高服务质量而努力。对不履行职责、服务质量差、违规操作等行为进行惩罚，以确保员工遵守规章制度。

（2）推行风险管理制度。

建立风险管理制度，对可能导致业务损失、服务质量下降等因素进行风险分析和预防控制，减少潜在风险。加强对岗位责任人员的监督和管理，包括工作过程的监控、业务数据的分析、及时的纠正和指导等。

（3）健全督察体系。

物业服务企业对督察人员定期考核抽检，各岗位设定主管并负责对物业服务的过程和运行的结果进行统计，并组织人员评价服务的质量，找出薄弱的环节和优势，对发现的问题进行整改，对薄弱点进行补强，以促进物业服务企业质量稳步提升。

通过以上建议，物业服务企业可以建立严格的责任问责制度，确保员工遵守规章制度，提高服务质量，减少业务风险，提高企业运营效率和客户满意度。

5. 增强招商引资的能力

招商引资能力的提升，可以更好地引进资金、技术、人才，汇聚优质企业入园，降低园区成本，优化园区发展，也为园区内企业的发展树立标杆。对园区来说，需要从多方面考虑提高园区的招商引资能力，充分发挥园区的优势，在招商引资上展示自己的突出特点。

（1）招商方式多样化。

要发展多样化的招商方式，弱化依靠政府，发展依靠园区的自身优势，凸显投资环境、产业优势等方面的作用。

（2）引进高素质专业型人才。

为了更好地促进产业园区的发展，应该加强招商引资团队的建设，不断改善招商引资推广人员的配备，并为他们提供专业的培训，定期组织专家会议，分享经验，以提高他们的工作能力。

（3）招商宣传。

积极参加圈内研讨会、学术交流等活动，提升园区的知名度，集聚行业人脉，对接优质的项目资源，及时推介园区的独特吸引力和产业集聚特色，吸引优秀项目和企业前来。

第四节　旅游景区物业管理研究

一、旅游景区物业管理的研究现状

在物质需求得到极大丰富的今天，人们逐渐开始追求精神方面的享受，旅游就作为一种很重要的精神追求方式出现在人们的生活中，旅游景区物业管理的发展规模越来越大，在大众旅游时代下，想要促进旅游景区物业管理进一步发展，需要了解旅游景区物业管理现状，及时处理旅游景区物业管理现有问题，改进物业管理模式和规范物业服务行为。文化和旅游部发布《2020 年文化和旅游发展统计公报》，截至 2020 年末，我国共有景区景点 3 万多个，其中 A 级景区 13332 个，包括 302 个 AAAAA 级景区、4030 个 AAAA 级景区、6931 个 AAA 级旅游景区。旅游景区物业管理的服务对象是广大的游客，重视游客的旅游体验，倾听游客对美丽景观、美好生活的诉求，协助景区主管部门打造主客共享的生活空间，这已成景区物业管理的必然追求。

旅游景区的物业管理是指在旅游景区范围内，物业服务企业依据与景区相关法人组织签订的物业服务合同，提供景区设施设备维护、清洁卫生、游客秩序维护、景区资产经营等服务，按照约定的定价方式获取报酬的经济活动，从物业服务企业的视角看，旅游景区的物业管理能力是指物业服务企业在旅游景区的物业管理中体现出的企业文化输出能力、专业服务能力、组织适应能力、资产经营能力。

通过查阅文献可以发现，刘亚赛（2019）认为旅游景区的物业管理能力提升需要物业服务企业发挥主体作用，与旅游景区的支持也密不可分。张栋栋（2020）认为旅游景区物业管理的服务对象是广大的游客，应重视游客的旅游体验，倾听游客对美丽景观、美好生活的诉求，协助景区主管部门打造主客共享的生活空间。邓智文（2016）提出景区应加强对基础建设以及对管理方式的更新，这种改变是以优美的环境、优质的服务、优异的管理来作为其根本目标，并提升景区的质量，以质量的提升来推动景区更好更快的发展。同时，祖力皮亚·祖农

（2020）提出旅游景区一线工作人员，应形成系统化的发展意识，不断地在个体工作实施过程中反思工作中的问题，并在后续服务中优化，以达到多重管理条件最优化安排，逐步进行一线服务人员素养提升的转变趋向。刘俊霞（2020）对贵州乡村旅游优质服务提升路径研究中，提到景区优质化指旅游产品、旅游设施的质量提升，人员优质化指景区服务人员的素质和服务水平提升，能使游客满意度、幸福感提升。

应加强对旅游景区物业管理工作的重视和创新，了解景区物业服务工作中存在的不足，重视物业管理人员应具备的能力，提高物业管理工作的管理水平和人员素质。

Richard（2017）指出物业管理人员的作用不能忽视，他甚至认为，具有灵活性特征的物业从业人员比死板的技术知识更具价值，是物业管理和服务中具有决定性的因素。Skandhakumar 等（2018）指出物业管理是为建筑设施提供维护、检修等一系列全套服务，为业主创造良好的居住环境，提高业主的满意度，强调了物业本身的价值，以及对于物业服务对象的作用。Öztüren 等（2021）强调了分析游客产生评论的价值，能更好地了解游客的思想和感知，这样可以做出符合游客期望的决策，并对其资源进行相应的管理。从 Öztüren 学者的理论中得到启发，即对游客的评论应及时作出响应，帮助服务对象并迅速提供有效服务。

国外的研究表明，物业服务企业应该根据市场的发展趋势，不断进行创新和变革，以提供符合当前生活方式特点的物业服务内容，从而满足服务对象的需求。国外研究目的是提高物业管理和服务的质量，而对于旅游景区物业管理的研究较少。通过对国外相关文献的查阅发现，国外对物业管理的研究主要聚焦于提升旅游景区物业管理的服务质量，为管理人员提供专业知识和全方位的支持。通过对国内外旅游景区物业管理研究，使我国旅游行业得到快速发展。

二、旅游景区物业管理面临的问题分析——以某景区为例

1. 景区物业管理难度大，缺少针对性的管理

在日常生活中，大部分游客对旅游景点的认知往往停留在山水、花草树木等自然景观上，对景区中的人文景观关注度相对不高。其实，在人文景观中，蕴含着丰富的传统文化和民族习俗等重要元素，深入了解这些元素，不仅可以提升人

们对景区文化内涵的认知，同时也能够增强游客对景区的认同感，这是打造高品质景区旅游目的地不可或缺的重要组成部分。

在我国部分旅游景点中，存在着许多传统文化和民族习俗方面的内容，这些内容具有十分重要的价值。例如，景区存在着很多民俗活动和传统礼仪，在这些传统文化和习俗方面有很多值得深入研究和宣传的。由于旅游景区具有广阔性、多样性，因而对物业管理工作提出了更高要求。

（1）景区具有广阔性。

景区提供的服务范围广泛且服务时间长久，相对于一般的物业服务对象，如住宅、写字楼等，其服务对象主要为游客，流动量较大，而物业服务企业难以提供足够的专业服务人员对其进行全时段的管理和维护。

（2）景区具有多样性。

该景区属于人文类旅游景区，人文景观中蕴含着许多传统文化、民族习俗等重要内容，对这些东西的了解，可以加深人们对景区文化内涵的了解，同时也可以增进游客对景区的归属感，这是建立高品位景区旅游目的地不可或缺的重要组成部分。在景区举办文化活动时，物业服务企业作为一个不可或缺的协助角色，需要协助主办单位进行活动宣发和维持秩序，确保参与活动的游客人身安全，保证游客的旅游体验，这些工作对物业管理能力要求较高。

景区具有杰出的艺术价值，古建筑得到了各朝各代皇帝的尊敬，在古代对于景区的修缮过程中，通常会选聘当时最适合的艺术家和工匠参与其中，这样的建筑就会具有艺术性，对于古建筑的维护和修缮也是物业服务企业的一大挑战。

（3）景区具有季节性。

景区经营会有淡旺季，会受到天气温度、节假日、观赏时间的影响，旅游景区的游览具有阶段性。景区作为一处蕴含深厚文化底蕴和弘扬中华传统文化的人文景区，蕴含着丰富的人文内涵，因此在寒暑假、节庆活动时，客流量会达到最大。淡季人流量小，相对来说管理比较容易；旺季人流量大，景区接待顾客数量较多，相应物业服务管理工作也会增多，保障游客体验和提升服务质量的难度不可小觑。季节性对物业服务企业来说是个很大的难题，如果遇到天气好，或者是节假日人流量比较大的时候，会出现人员调配困难、排队拥挤等问题，容易引发安全事故或群体事件。

2. 景区缺乏物业管理制度

随着旅游景区的快速发展，物业服务管理已成为一项重要的内容。然而，从管理服务现状看，部分旅游景区的物业服务存在管理服务不规范、不标准等问题。

旅游景区物业服务的根本，在于建立健全旅游景区物业管理的各项制度，并通过制度来规范景区物业服务行为，解决景区物业服务过程中出现的矛盾和问题。目前，我国许多旅游景区虽然已经建立起了比较完整的物业管理制度，但是这些制度也仅限于对业主、承租人、使用人等关系的处理方面。在实际工作中，这些制度并不能很好地发挥作用。不少景区的物业管理还停留在简单的收费、巡查、打扫卫生等层次上，没有与其他方面相结合。

3. 景区维护力度不够，修缮不及时

经调查存在景区部分区域维修不及时，难以正常使用的情况，缺乏对游客免费开放后的安全隐患排查和整治。在日常管理中，存在着工程管理人员没有明确分工、责任不清、缺乏有效监管等问题。

部分景区存在监控没有达到全覆盖，坏掉的摄像头外露线头没有及时修缮，还存在景区砖路下沉、地面起砂、栏杆不稳当、墙面脱落等问题。墙面脱落等问题应该及时维修，否则会影响景区美观；砖路下沉、栏杆不稳当、地面起砂属于景区区域，应及时维护，以免给游客带来危险。

景区在投入使用设备设施后没有明确的岗位职责，导致管理上的缺失和混乱。景区对设备设施管理维护不到位，在设备出现问题后也没有及时维修处理。

4. 物业管理信息化水平低

目前，景区物业管理信息化还处于较低的层次，不能有效地利用现代化的信息技术，更谈不上实现物业管理的现代化，现如今就有游客对于景区线上预约不满意。景区存在线上购票预约系统易崩溃、线下购票预约排长队的现象，信息化水平的线上预约和线下购票做不到实时沟通，无法对景区内人数进行实时监测及分析，出现景区游客扎堆的问题，不仅影响游客旅游观赏的体验感，还容易引发安全事故或群体事件。

5. 景区物业服务人员缺乏专业性

目前，景区里从事物业服务的人员主要是外部委托服务人员，其专业技能相对较差，并且缺乏培训，素质参差不齐，文化水平、学历水平低，从业人员大多来自当地的居民，对物业管理的认知度低，工作态度也很消极。再加上企业给出的工资待遇不高，景区物业管理层很难招到专业人才，缺乏物业管理专业人才，这也进一步致使景区的物业服务管理不够规范、标准，从而导致了景区物业服务质量下降。

在景区绿化、卫生、巡逻、维修维护、客服接待等服务方面存在问题，包括类似服务人员工作不够专业，景区卫生不达标，无绿化养护计划、无修剪，枯死树木不更换，巡逻人员不注意形象，维修问题无人解决等情况，因此，对景区内的从业人员进行培训已经迫在眉睫。现在该景区内的古建筑是以明、清两代的建筑为主，是一种历史文化遗产，也是我国宝贵的文化财富，对历史建筑的保护需要专业人才。

三、解决旅游景区物业管理问题的路径研究

1. 针对景区特点加强管理能力

旅游景区内的物业管理，应该根据旅游景区的特点来进行，针对景区特点加强管理能力。加强和相关单位的合作，如派出所、交警、消防大队，设立警示和救援的标识标牌，建立安全台账，根据景区面积增添秩序维护队员，做到每日一巡查；根据不同的景区制定不同的管理方案；记录景区的淡旺季，客流量高峰期和低峰期，根据客流量安排值班人员，做到游客和服务人员成正比。

同时，要想做好景区的物业管理工作，就必须保证景区内部服务人员的数量，并根据实际情况对员工进行合理搭配。

2. 建立规范的物业管理制度

物业管理工作不仅包括对服务对象的日常管理，还包括对物业基础设施和设备的维护以及对景区环境的保护。其中，很多管理工作都是由员工来完成的，而这也需要员工具备较强的专业技术知识，且有良好的职业道德素质。在景区物业管理工作中，不仅要保证游客的人身财产安全和景区环境良好，还要保证游客有舒适、愉悦的旅游体验。

由于旅游景区涉及游客、当地居民以及服务人员等不同人群，所以在对其进行服务时，一定要制定规范、合理的工作流程，同时还要在此基础上不断进行改进和创新。此外，还需要对人员进行定期培训，完善考核体系，明确奖惩制度，以便提高工作人员整体素质。

3. 确保维修维护到位，实行有效管理

相对于一般的民用建筑而言，旅游景区的建筑面积较大，且具有一定的面积边界。这就导致了物业管理工作人员很难对每个角落进行巡视和监管，如果没有专业的工作人员在现场进行监督和管理，很容易出现各种问题。此外，旅游景区内的游客流动量较大，这就要求物业管理工作人员要及时关注游客动态，以便及时处理游客在旅游景区内发生的各种突发事件。

为了确保旅游景区能够正常运行，制定工程维修维护人员管理方案，落实定期检查维护、保养工作，确保工程维修人员第一时间能监控到需要修缮的位置，使景区设施设备能够得到及时维修。除设施设备以外景区区域其他需要修缮的房屋质量问题，实行区域划分管理制度，将景区对游客开放区域划分为不同的物业管理区域，分配给相关工作人员，提升工作效率，提高维护修缮完成度，对于不属于物业修缮维护的文物及古建筑，也要做到及时发现及时上报相关单位。

在旅游景区中要有完善的配套设施。例如，配备好消防设备、安保系统、监控系统等。同时还要有充足的饮用水和电力资源，并且要配备相关工作人员负责日常管理和服务工作。

4. 加强信息化建设，提升物业管理效率

针对旅游景区人流量大的问题，有以下解决办法：

（1）实行实名制购票制度。

对于景区来说，实行实名制购票制度不仅可以防止黄牛倒票，也可以防止游客排队买票等问题出现。当然，实名制售票和在线提前预订门票也可以大大缓解景区的购票压力。

（2）开发智慧旅游系统。

通过智慧旅游系统，将线下客流信息和线上服务相结合，通过实时监控、客流预测等功能，对景区内人数进行实时监测及分析，并根据数据动态调整公共卫生级别和人流控制级别。这样既可以实现科学管理又能有效管控人流，不让人多影响到游客体验感。

（3）及时分流引导。

通过智慧旅游系统，可以对客流进行合理分流引导，可以做到一票难求或一票多购等问题的及时解决，保证游客体验感。

充分发挥智慧旅游，将不足改为优势，进一步提升景区物业智能化管理水平，为游客带来全方位的服务。

5. 物业服务更加专业化

（1）专业设施设备管理的专业化，如安保监控系统、垃圾清运系统等；保证园区监控的全覆盖，中控室 24 小时在线。

（2）专业人员服务的专业化，如保安、保洁人员的职业技能培训；如物业公司可以定期开展专业技能培训，使员工掌握一定技能后，再给予相应岗位的安排。通过培训不仅提高了员工业务素质，同时还提高了游客满意度。

（3）专业品牌服务的专业化，如为游客提供有特色的住宿、餐饮及娱乐活动。

（4）专业环境保护服务的专业化，如景区绿化养护管理。可以对景区物业管理人员定期进行培训，如组织物业全体员工每周全员做清洁、每月中全员学绿化等活动，不仅可以提高景区物业管理人员的素质，而且可以使物业服务更加专业化。

（5）古建筑修缮维护的专业化，对古建筑进行定期检查与保养。

①对古建筑内的文物保护单位进行定期检查，并做好记录，检查中发现问题及时向上级报告。

②对古建筑内的文物进行登记造册，建立档案，制定维修方案并严格按照方案实施。

③对古建筑内的文物保护单位进行重点保护，建立必要的安全保卫措施。

④加强与相关部门之间的联系，如文物局、文物保护单位、公安机关等，共同探讨古建筑保护措施，并将解决方案提交相关部门备案。

⑤对于修缮过程中产生的废弃物要及时进行清理，避免造成二次破坏。

第六章 "物业+养老"模式的
困境及路径研究

第一节 社区养老的研究现状

一、社区养老发展梳理

社区养老是指在社区中为老年人提供养老服务和支持的一种模式。老年人通常在社区中居住,通过社区养老服务可以获得生活、医疗、娱乐等多方面的支持和关爱,使他们能够更好地融入社区的生活。社区养老以老年人的需求为出发点,以满足老年人的生活需求为目的,通过整合社区资源的方式提供服务,为老年人的晚年生活创造更加舒适和健康的环境。社区养老服务通常包括社区日间照料、居家养老、康复护理、医疗服务、文娱活动等。这些服务不仅可以保障老年人的健康和安全,还可以提高他们的生活质量,增进他们的社交关系,避免老年人孤独和失落感。同时,社区养老也可以减轻家庭和社会的负担,促进社会资源配置的均衡和效率。社区养老是一种基于社区的养老服务模式,其特点是底层接触、社会化运作、综合服务和全员参与等。在老龄化程度不断加剧的当今社会中,发展社区养老是应对老年人养老问题的重要途径,也是建设和谐社区、促进社会和谐发展的必然选择。

根据第七次全国人口普查,我国 60 岁及以上人口占比接近 1/5,其中 65 岁及以上人口占比超 1/10,根据国家标准,一个国家或地区进入老龄化社会标准是 60 岁以上人口占总人口的 10%,或 65 岁以上人口占总人口的 7%(见表 6-1)。由此可见,我国老龄化程度非常严重,即将迈入中度老龄化阶段。

表 6-1 全国人口年龄构成

年龄	人口数(人)	比重(%)
总计	1411778724	100.00
0~14 岁	253383938	17.75
15~59 岁	894376020	63.35
60 岁以上	264018766	18.70

年龄	人口数（人）	比重（%）
其中：65 岁以上	190635280	13.50

资料来源：第七次全国人口普查公报（第五号）。

"养儿防老"观念已经深入到大部分人群中，家庭养老作为传统模式，在节约成本、自由度方面有非常独特的优势。随着老年人年龄的不断增长以及身体免疫力下降，身体出现各种小问题甚至不能自理，缺少专业化服务，另外由于子女忙于工作生活，易忽视老年人的生理和心理需求，有一定的局限性，这时家庭养老将无法满足老年人的需求。机构养老最大的优势是有专业的护理人员，提供各种护理服务，有些还为有特殊需求的老年人设立了专门的护理服务，但服务费用较高，持续性的支出对于一般家庭的经济状况会产生一定的影响，由于居住在养老院或者养老公寓需要离开家，容易让老年人与他们的孩子、家人和朋友之间出现情感缺失，也易产生恋家的情绪。在社区养老模式中，老年人可以继续生活在他们熟悉的环境中，他们不仅可以继续得到家人的照顾，而且社区的专业服务人员可以为他们提供必要的基础服务，居家养老结合了以往养老模式有利的特点。随着人口老龄化阶段的来临，社区养老越来越受到老年人和子女的重视，这种养老形式成为他们的第一选择。

随着我国人口"老龄化"问题的日益突出，如何让老年群体"老有所依"成为全社会共同关注的问题。物业服务企业作为社区治理的重要组成部分，如何发挥其在社区养老中的作用。同时，国家也在积极出台相关政策法规为物业服务企业参与社区养老保驾护航。

目前国内已有部分物业服务龙头企业积极参与到社区养老工作中，物业服务企业参与社区养老潜力巨大，具备充足的发展空间。政府要支持增加供给，推动形成 15 分钟养老服务圈，鼓励民间资本参与养老服务，并且为企业发展指明方向，也极大地释放了市场参与者的活力。如今，物业服务企业对养老事业的探索已逐渐开展，部分物业服务企业在各自项目中虽然取得了良好的成绩，但仍是仍在一些方面存在不足，如缺乏有效评估和监督机制、专业人才紧缺等，存在的这些问题使物业服务企业在适应探求老年人需求上存在一定阻力。

物业服务企业将服务范围延伸到养老，已是大势所趋。福利多元主义主张多主体参与，养老事业不能单独依靠政府的力量，它离不开包括物业服务企业在内的市场力量的支持，因此需要将其推向社会化、市场化。物业服务企业参与城市社区居家养老服务有利于发展多主体参与的养老模式，有利于丰富城市社区居家养老服务的内容。

从国家角度来看，物业服务企业作为完善国家养老服务环节的重要组成部分，可以减轻政府在养老问题上的压力，破除社区养老的难题，为老年受众群体提供高效的养老服务。从居民社区角度来看，可以盘活社区公共设施资源，提高相关设施设备的利用率，进而巩固了业主与物业服务企业的沟通桥梁，更好地推动社区和谐发展。对物业服务企业而言，不仅可以拓宽自己的服务项目与业务，夯实自己在新时代市场经济中成功转型的良好基础，而且物业服务企业的积极参与对缓解每个家庭的养老难题起到了推动作用，可以让老年群体更好地享受个性化人性化养老服务所带来的美好生活。

陈爽（2022）从社区治理的角度出发，成立了关于构建"物业服务+居家养老"模式专业化服务团队，通过实践发现更好的合作居家养老服务方式方法，对养老服务模式进行创新发展，构建更加灵活多样的智慧型养老服务等，为物业服务企业提供大致发展方向，更好地促进"物业服务+居家养老"模式有效应用。郭金龙和汪校（2022）从国家社会角度出发，发现积极应对老龄化已经上升为国家战略，并分析出养老问题不是单独个体可以独立解决的系统性问题，以及发展中遇到的困难，是否有效处理好养老问题成为判断社会稳定发展的重要体系标准，明确物业服务企业的养老定位和角色重构。刘乃雯（2021）从探索"物业服务+养老服务"这一社区养老服务模式的必要性与可行性出发，采用实证研究的问卷调查与实地访谈等方法，发现物业服务企业参与社区居家养老服务中存在养老服务供给总量较少、未形成有效参与模式等问题，并结合问题分析原因，提出完善服务体系、加强监管与建立法律约束等建议。康芳和李长远（2019）共同提出了社会资本参与养老发展的观点，并认为其依然存在着由自身原因所造成的内生性阻力，以及由外部环境所造成的外生性约束的实际问题。要促进社会资本参与养老的发展就必须增强自身意识，从而打破有关限制以及取得社会多元力量的共同参与。

日本是亚洲中首先进入老龄化社会的国家代表，老龄化程度的日益加深对日本的社会和经济造成了巨大的冲击，针对人口老龄化对国家产生的重大影响。日本学者则认为，日本的养老护理服务主要分为两大类：居家护理服务和设施护理服务。这两种服务在申请程序、认定标准和监管机制上各不相同，都有其特点。日本学者认为，日本老年护理服务可分为营利性服务和非营利性服务。营利性服务是指以营利为目的，非营利性主要指以政府为主导的救济和扶持，具有福利性。武川正吾和金妮（2005）提出支撑养老保障制度的条件在20世纪90年代后开始了急速变化，20世纪90年代后的社会保障制度改革是立足于20世纪80年代形成的范例上进行的，因此社会保障制度不能良好地适应日本社会的变化。现在的日本社会保障急需在对生产体制变化、对再生产体制变化、确立福利政治这几方面进行适应。日本学者非常关注日本的养老体系以及政策。对于日本的养老问题，认为应该从两个方面着手：一是建立完善的养老体系，包括各种养老服务、设施和设备；二是针对不同层次的老人制定相应的政策，让老年人的生活更加舒适和安宁。认为政策制定者应该更为关注养老工作的实际效果，真正把握老年人的需求，做出更加切实有效的政策。

美国作为发达国家，在整体发展的道路上老龄化问题也成为阻碍，为加强对人口老龄化问题的解决，美国建立对老年人实施全面医疗照顾的 PACE 计划（Property Assessed Clean Energy Financing Program），服务对象主体为失能情况较严重的社区老年人群，为这类老年人提供的短期医疗与长期照护服务。该模式的运营由政府监管，民间机构承办，PACE 项目在合理利用民间资源的情况下，也解决了养老服务问题。

二、相关理论梳理

（1）福利多元主义理论。

福利多元理论是指在社会福利领域中，为了更加全面和有效地满足个体需求而提出的一种理论模式。该理论认为，福利并非一种单一的形式，而是应该以多种形式并行的方式提供，以满足不同个体的需求。福利多元理论主张，社会福利应该以个体为出发点，根据个体的不同需求和特点进行分类和提供，从而实现更加精准和全面的福利保障。福利多元理论主张，福利应该包括物质和非物质两个方面，涵盖了社会保障、医疗保障、教育、文化、体育、法律、道德等多个领域。福利多元理论提出了以个体需求为基础的社会福利保障模式，并通过提供不同形式的福利服务，为个体提供更加全面、精准和有效的福利保障。福利多元理论的实施需要政府、社会组织以及公民个体多方参与，共同推进福利服务的优化和升级。

（2）相互作用理论。

在经济中投资、国民收入、消费相互影响，相互调节。如果政府支出为既定，只靠经济本身的力量自发调节，那么就会形成经济周期。周期中各阶段的出现，正是乘数与加速原理相互作用的结果。在这种自发调节中，投资是关键的，经济周期主要是投资引起的。

（3）社会嵌入理论。

社区嵌入理论是指在社会政策制定和执行中，将社区和社会各界相关人员嵌入其中，促进社区和政策的有机结合，推动社会公正和公平的理论基础。社区嵌入理论的核心是将社区当作政策制定和执行的主体和基础，关注社区居民的需求和利益，使社区成为政策制定和执行的有机组成部分。在养老中体现为：社区嵌入式养老可以认为是将社区嵌入融合到老年人的生活中，嵌入的结构从某个角度来讲与社区中多层次养老服务供给的结构息息相关。以社区作为平台，将筛选过后的养老资源通过竞争机制最大限度地引入社区，使居住在社区的老年人能够获得专业化养老服务，实现就地安养。

三、物业服务企业参与社区养老的可行性与必要性分析

（1）先天的地域优势。

首先，物业企业有权管理和使用当地的社区设施，并能够充分利用现有资源，为老年人提供娱乐设施和健身器材，并在不使用公共资源的情况下为老年人提供服务。例如，中海物业能够利用其生活在社区、贴近居民、快速响应的优势，为老人提供陪护、护理和应急服务，能够及时有效地响应老人的服务需求。努力成为老年人服务需求的及时"响应者"和有力"回应者"。其次，老年人群体在生活中的需求，时间上是不确定的，物业企业的工作地点就在社区内部，因此，可以提供 24 小时的服务，如突发紧急状况也可以及时地提供帮助。最后，

物业工作人员面向的群体就是全体社区业主，对社区内业主的基本情况了解得比较全面，通过日常生活的接触，彼此也较为熟悉，相互信任，老年人群体作为社区业主的一部分，物业企业可以根据他们的情况，提供个性化的服务，满足老年人群的养老需求。

（2）政策支持。

随着中国人口老龄化进程的不断加快，在国家政策的推动下，养老服务行业在积极健康地发展。政府应加强新养老政策的基础保障，加强养老机构建设，建立护理体系，加入护理保障制度，建立风险分担和防范机制，提高养老机构的风险应对能力。政府还需制定全面的长期护理补充政策，制定长期护理受益人的评估标准，并监督实施效果。

2020年11月，住房和城乡建设部等部门发布的《关于推动物业服务企业发展居家社区养老服务的意见》指出，充分发挥物业服务企业常驻社区、贴近居民、响应快速等优势，推动和支持物业服务企业积极探索"物业服务+养老服务"模式。

政府应积极回应当地老年人的需求，将当地居家养老作为发展的主体，加强当地老年人日间照料和活动中心的建设，增加医疗康复设施、文体娱乐设施、衣食等方面的供给，为居家养老创造必要条件。加强养老产业标准化建设，逐步制定和完善管理服务、制度建设等方面的标准化体系，采用合格评定、监督抽查等方式，提升养老产业。

综上所述，国家新的养老政策重点是支持基层养老项目。以老年人的精神需求为基础，构建新型的社区养老服务体系。推动社区养老机构设立，解决老年人的养老问题。充分发挥政府的职能，保证老年人安度晚年。

（3）推动养老服务体系的建设。

社区居家养老是我国养老体系的一个重要组成部分。随着我国社会经济的进步，人口老龄化越来越严重，传统的养老方法已经无法适应当前的形势，因此政府正在投入人力、物力和财力改善这种状况。但是，仅依靠政府是无法从根本上解决社区养老存在的问题，所以其他社会结构也需要参与进来。

目前，我国社区居家养老正处于初期的发展阶段，只有一些基本的意见和未来发展规划，没有能够完全支撑其发展的法律法规和规章制度，这在很大程度上影响了它的发展，而物业企业经过多年的发展，相比于社区居家养老，其具备较为完善的服务模式、相关法规和标准体系。将物业企业加入社区居家养老，为养老服务增添新的活力，也加快了养老产业的发展，而且物业企业在参与居家养老方面具有独自的优势，对社区比较熟悉，对业主的基本信息都有所了解，并且物业企业有专业的服务人才，能够满足老年人的养老需求。例如，济南中海锦年长者公寓是"中海地产"旗下的高质量医养结合型养老项目。结合国内外先进养老理念和成熟照护体系，构建专业的医护、康复、社工及运营管理团队，致力于打造济南市配套齐全、品质高、服务好的康养项目，服务济南养老新需求。通过参与养老领域，物业公司可以促进养老服务的发展，为建立一个更加包容的服务体系做出贡献，让老年人可以在自己熟悉的生活环境中养老，并享受专业的养老服务。

（4）促进企业自身发展。

目前，我国的老龄化程度在不断加深，老年人的养老需求也在不断增加，银发经济的发展空间巨大。福利多元主义理论在供给方面倡导参与主体多元化，物业企业经过多年的发展，已经拥有优秀的服务水平和服务经验，然而现有的服务类型不能满足社区老年人家庭护理的需求。因此，物业公司需要积极寻求新的服务项目和新的发展方向。发展老年人家庭护理服务是物业企业的必然选择，也是传统物业服务的更新。参与居家养老服务，不仅可以改变物业企业的现状，还可以提升企业的社会价值，减少企业与业主之间的矛盾，加强相互信任，在日常工作中能够积极沟通和互动，有利于经济的可持续发展。为贯彻落实住房和城乡建设部部长倪虹提出的"要更好地为群众做好增值服务"以及"大力提升物业服务，让人民群众生活更方便、更舒心"的重要指示精神，物业企业立足业主实际需求，延伸"居家养老服务链"，织密养老服务网，托起幸福夕阳红。物业企业在社区积极为老人做实事，点滴小事积累形成养老服务清单，力所能及为老人提供必备的生活保障和便民服务。

四、物业服务企业参与社区养老的优势分析

（1）技术优势。

物业服务企业在经营的同时，也随着科技水平的发展不断提高自身的改革，

以适应智能社会的发展，物业服务企业推出了许多智能服务，开创"智慧物业"打造美好生活新纪元：车辆自动识别系统、智慧化安保系统、人脸识别系统、智能清洁服务、自动绿化扫洒系统。充分体现了万物互联，时刻掌握运用最新科技产品，体现了物业服务企业服务的精细化、科学化和智能化。在拥有这些技术的同时，发展"物业"融入"养老"，让技术先行，让科技便利养老，开发老年人智能养老系统，构建"智能养老新平台"，推出"一键上门"服务、智能心率监测系统、智能门锁等，当老人身体出现状况，可以检测到危险信号，分别将信息传送到企业服务人员和急救中心，为老年人的身体健康提供技术保障。

（2）资源优势。

首先，物业服务企业积攒了大量的居民信息资源，拥有了信息资源，就掌握了目标客户消费率，物业服务企业可以通过上门走访和在业主群推广养老产品。作为服务企业，与业主之间的熟悉度契合高，业主在选择养老服务时会更倾向于熟悉的品牌。其次，物业服务企业的经营资源也为养老产品提供了极大的便利，拥有完备的设施设备资源，可以在养老服务中照搬物业服务系统，使用其安保、绿化、卫生资源。

（3）经营优势。

物业服务企业参与养老拥有基础服务和设施，包括楼宇管理系统、物业维修工程师、安保人员等，这些资源可以为养老服务提供有效的支持，运营成本低。扩大了物业服务企业的经营范围，增加了物业服务企业的竞争赛道，拓展了业务范畴，为物业服务企业争取了更广阔的发展空间。物业企业丰富的运营管理经验，可以为养老服务机构提供专业的运营团队，提高服务质量和用户满意度。

五、日本社区养老服务的实践与经验借鉴

（1）我国人口老龄化趋势与日本相似。

日本作为亚洲最早一批发达国家，经济发展进程较快，也是亚洲最早进入老龄化的国家之一，这些年日本政府不断地在"养老、防老"方面进行探索，尤其是在社区养老方面有了一定成效。目前，我国的人口结构与几年前的日本相同，出生率低、国民生育意愿低下，老年人口占比大，所以可以对日本的社区养老进行借鉴，发展我国的社区养老。

（2）日本社区养老的实践与经验借鉴。

日本的社区养老模式非常注重居家养老，强调老年人应该生活在自己熟悉的环境中。为此，日本政府大力支持家庭式照料服务，提供专门的家庭护理服务和居家医疗服务，使老年人不必离开自己的家庭和社区，就能享受到全方位的养老服务。

日本社区提倡老年人尽可能与社会接轨，避免老人孤独寂寞。为此，日本社区推行各种社区综合服务，如义工服务、文化艺术课程、旅游、健身等活动，帮助老人消除空虚感和孤独感。日本社区养老体系注重老年人的"自我管理""自主决策"，让老人在养老服务中有更多的选择权，可以根据自身的身体状况自由地选择需要的服务，如医疗护理服务、求职援助等。这样不仅能够提高老年人的自主意识和参与感，同时也可以提高老年人改善生活品质的积极性，增强他们的幸福感和自信心。

日本根据社会发展背景提出了"就地安养"的养老服务模式，创建了小规模多功能型居家护理机构，以中、小学校区为中心，进行服务辐射，为该范围内的中老年人提供居家养老服务。日本在养老方面不单单依靠国家力量，更是融入了市场和社会群体的力量，既打破了市场供给和国家供给分化的问题，还强调了基础管理的重要性，日本更多依靠社会群体和群众组织，在这一方面，我国的物业服务企业不仅仅是服务者，同时也是管理者，我国的物业服务企业可以担任此模式中的管理者，形成由政府引导，物业服务企业参与管理的基础管理模式。

六、物业服务企业参与社区养老面临的问题分析

随着中国老龄化社会的到来，养老服务市场正在形成，政府出台了一系列参与养老服务的优惠政策，以缓解社会压力，调动社会结构，越来越多的物业企业进入养老行业。然而，不容忽视的是，企业在进入养老行业时面临着诸多挑战。研究和分析表明，存在包括法律政策不完善、缺乏有效监管、养老项目少、专业人才短缺等一些问题。

（1）企业自身存在问题。

目前，我国社区居家养老服务还处于发展阶段，可以运营的服务项目也比较少。除少数高端客户物业企业可以提供全面的服务外，大部分物业企业只提供日

常照料等表面服务。在社区中老年人最希望得到的服务可以分为两个方面：日常护理、医疗和休闲文化活动。日常护理包括助餐助浴服务、卫生清洁服务等；医疗和休闲文化活动包括护理服务、康复训练服务、心理咨询服务、体检服务、读报、讲座和手工艺等。因此，物业企业的服务项目要往更深层次的如精神安慰、心理健康等专业化、个性化的养老服务方面发展。众所周知，对老年人的服务除了基本的日常护理外，还包括文化生活、医疗保健、法律咨询、心理健康和医疗保护。帮助社区老人，保存健康档案，确定社区老人的需求，为社区老人提供专业化和个性化的服务也是非常重要的。因此，如果物业公司不能提供老年人真正需要的服务，即专业化和个性化的服务，就很难参与到社区养老服务的发展和升级中。

物业企业在提供养老服务项目方面，存在专业型人才短缺的状况。物业企业参与居家养老服务处于发展阶段，能够提供的专业服务比较少。在社区内提供服务的大多是下岗职工、闲散人员，很多在任职前没有接受过专业的岗前培训，因此对养老的专业知识、法律法规、规章制度等掌握得较少。

物业企业虽是一种服务型企业，但是从业人员大部分都是物业管理专业人员，主要从事公共设施设备维修养护、房屋管理、保洁服务等，对养老服务工作不太熟悉，提供服务的也大多是没有经受过专业训练的人员。因此，在提供服务时很难做到让老人满意，无法提供有针对性的专业服务，只能提供一些日常生活的服务，依赖从业者的既往经验开展服务，与老年人群的需求存在偏差。此外，服务人员的薪资待遇比其他从业者要低，导致很多人员不愿从事这份工作。综上所述，都是目前从业人员专业程度低的原因。

（2）政策监管方面。

物业企业参与社区居家养老离不开政府的大力支持，如今，物业企业参与养老尚处于发展阶段，虽然政府出台了相关政策支持物业企业参与养老行业，但是内容大多是鼓励企业参与居家养老，没有具体的规章制度，政策的内容太过于宏观，没有具体的实施细则，缺乏可操作性。养老服务行业涉及我国老年群体的利益，完善相关的法律法规和规章制度是保障老年人群体的重要举措。物业企业如果想要在养老领域取得良好的成绩，没有法律法规、规章制度的支持也是很难进行下去的。

为了鼓励物业企业参与到养老行业当中，缓解社会养老压力，政府出台了许多相关的政策报告，但是在后续的跟进工作中没有相关的政策，老年人群体作为服务的接受者，服务的建议与使用感受没有得到有效的输出。物业企业作为服务主体参与，是对自己业务范围的拓宽，获取利润，如果缺乏第三部门的约束与监管，会使一些想要提供服务的企业存在顾虑，还会导致部分企业忽略了自身的责任感，它们利用政府的激励措施谋取利益，浪费宝贵的公共资源，且未能有效解决社区的养老问题。

（3）地方政府和居委会态度不积极。

目前，很少有物业服务企业主动参与到社区居家养老中来。这主要是因为物业服务企业通常仅提供基础设施维护和管理服务，而不涉及老年人的日常生活需求。此外，物业服务企业在运营上也存在一定的风险和挑战，比如管理难度大、收费标准不统一等问题。

然而，物业服务企业参与到社区居家养老中来也是十分必要的。首先，可以提升老年人的生活质量，使他们在舒适、安全的环境中享受晚年生活。其次，可以促进社区的发展，增强社区的凝聚力和文化内涵。最后，可以为物业服务企业带来新的商机和发展空间。

为了实现物业服务企业参与到社区居家养老中，需要采取一系列措施。首先，需要建立与老年人需求相匹配的业务模式，提供个性化、专业化的服务。其次，需要加强与社区居委会等相关部门的协作，共同推进养老服务事业的发展。最后，也需要政府给予一定的政策支持和优惠，以鼓励物业服务企业参与到社区居家养老中。

物业服务企业参与到社区居家养老中，对老年人、社区街道企业都有重要意义。唯有通过深化合作，改进服务质量，才可以为老人带来更好的生活感受，为居民带来更多发展机遇，为企业发展带来更多商机和成长空间。

（4）社区老年服务工作不到位。

在实际的居家养老过程中，许多老年人和家庭仍然面临着物业服务企业参与时工作人员服务不到位的问题。这一问题严重影响到老年人的生活质量和幸福感，也制约了社区居家养老服务的全面发展。

首先，需要认识到物业服务企业参与社区居家养老服务的重要性。作为社区服务的重要组成部分，物业服务企业不仅提供基础设施管理服务。其次，应该在居家养老方面发挥积极作用。例如，帮助老年人解决日常生活中的难题，给予精神支持等。

在实际操作过程中，发现物业服务企业参与社区居家养老服务时，存在很多难题，其中最为明显的是工作人员服务不到位。很多老年人反映，物业服务企业的工作人员经常无法按时到达，或者服务态度不好、服务质量不高。这导致老年人的生活受到了很大的影响，也使他们的家庭感到很困扰。

（5）传统观念的束缚和老人态度的消极。

在实际的居家养老过程中，老年人普遍存在态度消极、抵触情绪等问题，物业服务企业参与社区居家养老时也受到传统观念的束缚。

在我国传统文化中，子女有责任照顾父母，并且部分老人也不愿意接受外界帮助。同时，老年人对于物业服务企业的信任度较低，认为他们只是在谋取利益，对老年人的安全、健康并不关心。

现实情况则是物业服务企业的参与能够提供更好的居家养老服务。物业服务企业有专门的护理人员和医疗设备，能够为老人提供更加高质量的生活照料服务项目，而且物业服务企业能够提供全方位的关爱，包括日常起居、饮食营养、娱乐活动等方面的服务，从而使老年人在家中得到更好的照顾。

（6）养老模式单一。

现阶段我国的物业服务企业可以分为两类。第一类是由中高端房地产开发商创建并不断完善的、规模庞大的物业品牌企业，这些企业管理体系成熟完善，服务质量有保障。第二类是小型物业服务企业，它们的规模相对较小，缺乏健全的管理体系和严格的管理措施。

目前，物业服务行业正处于摸索探索的初级阶段，需要更多的实践和经验来完善，它起源于20世纪80年代的西方发达国家。只有那些财力雄厚、规模宏大的物业服务企业才能提供居家养老服务，而规模较小的物业服务企业则难以负担居家养老所需的运营成本和人力资源成本。

相对于大型物业服务企业而言，首先，小型物业服务企业的营收模式较为单一，主要专注于提供基础的物业维护服务（如绿化、保洁、保安等），同时在其他领域的管理经验和管理体系尚未达到成熟的程度。通过建立完善的法律法规体系以及相关规章制度来保障物业服务企业的发展。其次，小型物业服务企业在养老服务企业和业主心目中的知晓度较低，缺乏良好的信誉和企业形象，这使得其在市场上的地位和影响力受到了限制。因此，在这种情况下，小型物业服务企业往往会选择放弃这一业务而另谋他路，从而造成了资源浪费。在缺乏养老服务企业和业主的广泛认可之前，它们难以建立起相互信任的合作纽带。最后，随着人口老龄化程度的不断加深，家庭结构发生了较大变化，老年人对生活质量有更高要求，而这些因素又会进一步影响社区居家养老服务体系建设进程。此外，小型物业服务企业若欲与养老服务企业联手推进居家养老服务项目，则必须确保业主数量达到一定规模。

（7）缺少专业人员。

根据调查结果，大多数物业服务企业在居家养老服务方面没有配备专业的人员，这已经成为它们开展此项服务的难点之一。许多企业表示通过自己的力量培养专业人员需要费时费力，需要办理证书和手续，并且即使进行了培训，培训成本也高于居家养老服务的收入，因为此服务现阶段仍处于探索阶段。同时，提供的居家养老服务质量普遍较低，有些企业甚至不能提供基础的服务，无法满足老年人的需求。

除此之外，尽管有些企业列出了康复护理、医疗保健等服务项目，但是由于缺乏相关专业人才，这些服务并不实用。总体而言，缺乏专业的社区养老服务人员，缺乏对老年人专业具体指导和考核，促使企业已有的居家养老服务人员的专业素养有待提高，物业服务企业不愿意在目前耗费成本培训专业的养老服务人员，这也是目前物业服务企业开展居家养老所面临的广泛难题。

（8）未形成有效参与模式。

目前，许多物业企业也开始积极参与社区居家养老服务，但是它们往往是通过与养老机构合作来实现这一目标，而不是自己举办养老服务。物业企业通常缺乏专业的养老护理知识和经验。与之相比，养老机构则有更丰富的资源和经验，能够更好地满足老年人的需求。如果物业服务企业自己举办养老服务，可能会存在护理不到位、设施不齐全等问题，给老年人的生活带来负面影响。在这种模式下，物业服务企业和养老机构互相协作，物业服务企业提供房屋、设备和场地等资源，而养老机构则可以提供医护人员、健康管理和营养保健等服务。

物业服务企业通常不具备长期运营和管理养老服务的条件。在社区居家养老中，长期稳定的服务非常重要，需要有专业的管理和运作机制来保证服务的质量和可持续性，而物业服务企业通常更擅长于物业管理方面，难以长期承担养老服务的责任。

　　物业参与社区居家养老还可能存在利益冲突的问题。物业服务企业通常是由开发商或房地产公司控制的，它们的主要目的是营利，而在养老服务中，老年人的权益和健康是最重要的，不能以牺牲老年人利益为代价来追求经济效益。

第二节　智慧社区养老研究

一、基础理论梳理

随着我国改革开放以来经济的全面发展，我国也像发达国家一样面临人口老龄化日益加剧的问题。据我国第七次人口普查数据，我国人口老龄化形势非常严峻。

当前，我国的养老方式包括家庭、机构和社区三种。其中，家庭养老是一种传统而又普遍的养老方式，深受人们的喜爱。然而，由于计划生育政策的实施，我国的家庭结构变得越来越简单，使家庭养老的能力逐渐变弱，不能满足老年人对多样化养老服务的需求；机构养老是一种集体养老，即老年群体集中居住在养老机构，通过专业的养老机构为老年人提供全面的养老服务，但我国的机构养老起步较晚，加上受我国的"养儿防老"的文化理念的影响，其发展速度一直受限；社区养老在我国仍处于初期探索研究阶段，社区养老服务模式旨在为老年人提供全面的养老保障，让他们能够在家中享受到社区提供的优质服务，从而实现更加安全、舒适的生活。这些服务由专业机构和专业人员提供，以满足他们的个性化养老需求，通过采用社区养老模式，不仅可以让老年人在家中享受到优质的养老服务，而且还可以有效地减少机构养老服务的费用，让家庭成员能够解放大部分的时间和精力，使老年群体享受到了专业化、个性化养老服务，保证老年人晚年的生活品质。但是目前我国社区养老普遍存在养老的基础设施薄弱，养老服务的个性化较差，服务人员专业性不足等诸多问题。因此，发展智慧社区养老逐渐成为我国养老事业发展的必然趋势。

在此背景上，物业服务企业凭借着自身地理优势和成本优势，积极参与智慧社区的养老服务体系建设。但是在实际操作过程中，由于各主体之间服务定位不明确，责任划分不清晰，再加上养老服务过程中，存在着网络平台不健全、需求评估体系不完善、服务专业人员不足、服务监督不到位等问题，严重阻碍了社区养老服务的可持续发展。为了更好地推动智慧社区养老服务，需要研究如何让物业服务公司参与其中，建立起符合企业发展的物业管理+社区养老服务机制极其重要。

1. 福利多元主义理论

1978 年，"福利多元主义"的理论概念首次被提出，并被沃尔芬德在《志愿组织的未来》一书中阐述。沃尔芬德强调，志愿性组织应该参与到社会福利的提供中，以实现多样化的福利供给。学者罗斯首先对"福利多元主义"的概念进行了清晰界定，他认为家庭、市场和国家三方都应该成为社会福利供给的主体，形成了"福利三角"理论。后来伊瓦斯在此基础上增加了民间社会这一主体，他认为民间社会是连接其他三方的纽带，"福利四分法"由此诞生。总之，福利多元化思想改变了由政府单一主体提供社会福利的现状。

根据福利多样性的原则，构建一个完善的社区居家养老服务体系，必须由政府、企业和公众三方协作才可能实现，且每一方都应该明确自己的职责，并且彼此协作，充分利用彼此的优势，才可以实现社区居家养老模式的可持续发展。

2. 马斯洛需求层次理论

马斯洛指出，人们的五种基本需求由高到低依次是身体健康、心灵安宁、社会关系、尊严以及追求自身价值的实现。通常来说，只有当基本需求得到满足时，高层次的需求才会浮出水面。随着经济和科技的不断发展，家庭结构和养老需求逐渐出现改变，"老有所养"变得仅仅只是底层需求目标，"老有所为"开始成为更高层次需求目标，老年人也应该追求自我价值的实现。

智慧社区养老的首要条件就是要保证老人基本生理需求，完全满足老人吃穿住行的需要，无论是在家中还是在社区里都能维持正常生活。构建智慧社区养老的基本原则就是在为老人提供医疗救治的同时还提供心理安抚与疏导，给老年人创造一个安全舒心的环境。

自我价值实现是最高阶的需求，老年人在退休后与原来相比会与社会产生脱节的现象所以，让老年人继续实现自身价值对维持老年人的心理健康与精神健康十分重要，智慧社区养老与以往普通的养老模式不同，特点是将先进技术和个性化的服务项目引进社区助力养老服务的新体验，给老年人实现自我价值提供了充分的机会，同时满足了老年人生理需求和精神需求。

3. 资源整合理论

（1）资源整合的定义。

通过资源整合，企业可以更好地实现发展战略和市场需求的有效结合，从而提升核心竞争力，并有效地挖掘客户需求，从而达到最佳的资源配置效果。通过完善制度安排和有效协调管理运作，可以大幅提升企业的整体资源竞争力，进而提升客户服务质量和满意度。

（2）资源整合的方式。

根据学术界的共识，资源整合可以划分为三种类型：纵向资源整合、横向资源整合和平台式资源整合。

纵向资源整合旨在将两个或多个厂商紧密联系，形成一个共赢的利益共享体系，以实现产业价值链的高效运作，从而获得更多的经济收益。因此，企业应该清晰地认识到自身的定位，并充分发挥其独特的优势，以实现价值链的最佳运作。

通过横向资源整合，企业可以将目光聚焦于价值链的某一特定环节，与其他厂商共同探索如何有效地利用各种资源，并将它们结合起来，从而提升该环节的效率和价值，使企业获得最大的经济效益。

平台式资源整合是一种更加灵活的方式，它可以将企业看作一个平台，通过引入供应方、需求方以及第三方的资源，从而达到最佳效果。采用这种方法，不但能够增加双方的利润，而且能够大幅度降低交易的费用，从而使企业获得更多的利益。

在现实的应用中，三种资源整合方式是难以严格区别的，大部分是相互交叉的关系。物业企业的产品就是管理服务，包括客户管理、物业人员调度、门禁监控管理、社区绿化管理等。当物业企业致力于建设智慧社区时，它们很难独立完成所有资源的配置，因此资源整合显得尤为重要。

二、物业管理参与智慧社区养老服务的可行性研究

智慧社区养老服务是当前社会发展的一个大趋势，针对老年人的生活和养老问题，物业管理方面的参与和支持是其中一个关键因素。首先，物业管理方面的参与可以提供更好的服务体验。在智慧社区养老服务中，物业管理方面的参与可

以提供各种便利的服务，比如安全检查、助医助洁、上门服务等，这些服务可以极大地提升老年人的居住品质。此外，物业管理方面的参与可以通过数据分析为老年人提供更加个性化的服务，满足他们的不同需求，帮助老年人更好地融入社区生活。

其次，物业管理方面的参与可以降低养老服务成本。随着老年人的不断增多，养老服务的需求量也不断增加，智慧社区的养老服务压力越来越大，物业管理方面的参与可以将业主的服务需求整合起来，通过规模效应提高服务质量和效率，同时减少服务成本。

最后，物业管理方面的参与可以提升智慧社区整体管理水平。物业管理公司作为智慧社区的基础服务管理者，参与智慧社区养老服务可以更加全面地掌握社区居民的需求，为智慧社区的服务提供更好的支持，同时提高智慧社区的整体管理水平，促进智慧社区的可持续发展。

三、物业管理参与智慧社区养老服务的研究现状

养老服务中配备智能终端及应用设备，基于智慧社区养老服务平台，同时实时监测老人健康安全，并将相关信息及时同步并传送至智慧养老服务平台，通过互联网与物联网技术支撑各类智慧应用服务。

业主可以通过中颐龙湖康养小镇 App 软件将老年人健康数据同步至服务信息平台，提供先进的智能化生活照料及医疗服务，便民服务呼叫系统与就近社区日间照料中心、养老服务综合管理中心智能对接，致力于为老年人提供舒适便捷的居家服务。颐乐康养中心设立养老综合服务中心，建立智慧康养平台；智慧康养平台联动中颐龙湖康养小镇 App，配置数据大屏建立智慧养老服务平台。业主家人可以通过手机 App 或电子智慧平台呼叫综合养老服务中心为老人制定对应的居家护理服务。

智慧社区在设计中就配备针对老年人身体健康指标进行监测的各种设备，配备覆盖全屋的一键报警系统智慧养老服务终端，分为有线和移动型两种，同时为适应老年人生活，相关位置配置扶手、室内照明开关降高处理、防磕碰的墙面小圆角处理等，不同房间具体适老化设计及设施配置如表 6-2 所示。

表 6-2 智慧社区适老化设计及配套设施

房间	适老化设施
玄关	入户门低高差设计、一键离家开关、入户感应灯、开关面板降高设计、入户门低高差设计、USB 插座、定制适老化玄关柜、室内电梯呼叫系统
客厅、餐厅	一键紧急报警、火柴人防跌倒报警、无障碍通行及回转空间、客餐厅与厨房地面无障碍设计、防滑地面、墙面阳角圆角处理、开关面板降高设计、荧光大面板开关、智能起夜灯、预留智能窗帘插座、扫地机器人插座
卧室	一键报警、无障碍通行空间、墙面阳角圆角处理、静音门锁、门锁高度适老化设计、开关、备用插座高度适老化设计、荧光大面板开关、床头设置 USB 插座、灯光照度加强、智能起夜灯、预留电动窗帘及智能检测床
卫浴	180°平开门设计、地面无障碍、卫生间地暖铺装、设置马桶及淋浴区助力扶手、无障碍浴帘设置、无高差长条形地漏、厨纸盒、置物架设置开关、门销高度适老化、台盆高度适老化、防跌倒报警
厨房	吊轨移门无障碍通行设计、地面防滑及无障碍处理、橱柜适老化设计、开关面板降高设计、安全插座、燃气阀门自动关闭装置、烟雾报警

资料来源：笔者根据智慧社区适老化设计及设施归纳总结。

第三节　"物业+养老"模式提升路径研究

物业企业参与养老公共服务是社会发展的必然结果，新型养老模式的出现，不仅缓解了现代社会对养老的巨大压力，也促进了社会服务企业的转型和现代化建设。社区居家养老为物业企业的转型升级提供了新思路，对企业自身业务的拓展和发展至关重要。但是，为了保证居家养老行业的健康发展，需要政府的引导，完善法律法规和标准制度，加强服务项目，强化人力资源开发，加强设施建设，充分整合资源，促使物业企业参与的养老服务新模式的健康发展。

一、基于物业企业视角

物业企业要完善养老服务的内容，除社区能够提供的基础日常生活服务以外，企业也要体现出服务的特色。"像我们公寓就有设立一个专门的宣讲学习区域，日常老人可以聚集在一起学习，讨论组织活动，还设立了休闲娱乐区域有棋牌室、书画室等，公寓内自带院子，可以供老人进行户外活动，园内设有健身器材、种植区域，老人可以自己种植蔬菜，这些休闲娱乐设施不仅充实了老人的日常生活，更让精神世界变得富足。"因此，企业可以根据社区的实际情况，开展养老服务项目，充分利用社区资源，为老年人提供日常休闲娱乐活动，对社区内老年群体的基本情况进行调查，建立个人档案，对数据进行整理分析，总结出老年人在日常生活方面和精神层面所需要的服务类型，制定出具有专业化、个性化的养老服务。

公寓内的老年人整体年龄偏高，这对公寓内的设施设备要求就比较严格。在公寓内，设有适老化的设施，有防滑地板、连续不断的扶手且内部带有 LED 灯带，老人居住的房间床头都设有智能系统，带有呼叫铃可以实时对讲，房间内设有电动护理床、自理床。通过访谈了解到，进出公寓、电梯都是需要刷卡的，且卡片与床头的智能系统相连还自带定位系统，这就保障了一部分患有阿尔兹海默病老人的人身安全，此外公寓对面设有社区医院，公寓内部也设立了心理咨询室、康复理疗区，专业的护理设施较为完善，老人的身体护理、精神需求层面都能得到较好的满足。在中海锦年公寓不仅满足了老人的日常生活需求，更深层次的精神方面也得到了满足，根据老人的不同情况设立具有针对性、个性化的服务。

目前，我国养老服务方面的从业人员非常短缺，社区养老服务涉及的知识面很广，对养老服务工作人员的专业技能、知识储备以及素质要求较高，无论是在老年人的日常护理，还是与老人沟通方面。济南中海锦年长者公寓的团队就非常的年轻化、专业化，机构内医护团队34人左右，有3名医生、5名护士，其余都是有证书的专业护理师，团队的平均年龄在29岁左右，公寓内部设有专门的医疗用梯，在锦年公寓拥有年轻化、专业化的团队、专业的设施设备，可以满足老年人的医疗护理需求。专业的团队是物业企业可以长远发展的重要条件，倘若缺少专业人才、缺乏专业知识，物业企业在养老方面将举步维艰。

物业企业应加快培养专业人才，建立高质量、高素质、多样化的人才培养体系。培训注重实践训练，强调掌握营养学、老年病学、护理学和心理学等知识，提高专业人员的知识水平。此外，可以吸引专业的学生，在学生时代接受过系统的培训，掌握专业的护理知识和技能，这样可以提高整体的服务质量。在政府方面，可以通过建立人力资源开发机制，提高从事养老护理工作人员的工资，实施相应的社会福利政策，吸引更多的专业人员进入养老护理行业。

二、基于政策视角

（1）建立法律法规和政策制度。

根据社会治理理论，各方社会力量的参与要利用法律法规和标准制度来解决问题，物业企业参与社区居家养老，政府要充分发挥其主导作用，出台利好政策，鼓励企业积极参与，如减轻参与居家养老企业的拿地优惠、税收等，减轻物业企业的经济负担。像一些西方国家，在面对人口老龄化的实践与举措中，政府都给予了积极的支持和鼓励。在英国，国家健康保险被确立为发展社区老年人护理服务的框架。在日本，制定了社会法律和政策，为老年人的护理提供了法律基础。西方国家在这些法律法规和制度的支持下，老年人护理得到了稳定的发展。

老年人是服务对象，服务场所是老年人的家，这有一定的特殊性，例如，老年人在自己家里会遇到危险，或者失去财产。面对这些挑战，必须建立全面的法律法规和政策，明确责任，界定相关机构在照顾老人方面的责任，并确定服务的内容和标准体系。目前，没有相关的法律法规，也没有统一的监管标准，所以社区养老发展缓慢。因此，为了更好地推动社区居家养老服务的发展，亟须制定相关的法律。

（2）政府加强监管。

没有规矩不成方圆，如果没有一套完整的法律法规作为约束，社区居家养老很难健康持续地发展下去。政府需要建立评估养老项目质量的标准，加强对该行业的监督，并明确参与实施过程的各方责任，包括物业服务企业、居民和所在社区。此外，还需建立更全面的监督机制，确保补贴用于老人。对于社区内工作人员可能出现的问题，比如工作专业知识是否扎实、业务技能是否达标以及职业道德的监督，都要从法律层面上予以明确规定，以确保社区居家养老在法律的规范下健康发展，一旦出现责任纠纷，依法处理，走法治化、规范化道路。

第七章 物业管理企业拓展城市服务的困境及路径研究

第一节　城市服务的研究现状

一、城市服务的发展梳理

近年来，随着我国经济发展水平的不断提高，城市服务的发展越来越受到重视，国家政策的颁布、城市发展的需要以及人民日益增长的对美好生活的向往与追求，无不催促物业服务企业创新城市服务。物业服务企业拓展城市服务过程中也存在政府部门重视程度较低、从业者专业化水平无法满足城市服务的高要求、无法保证社会公平性、市场化不足以及城市治理主体之间存在利益冲突等问题，通过研究分析珠海横琴模式、广州白云模式、河北雄安模式和鼓浪屿模式的四个"物业城市"的案例，总结得出城市服务应当"因地制宜"，根据不同城市的发展特点实施不同的创新举措，其中：物业服务企业应当具有良好的商业信誉、雄厚的商业实力、成熟的市场化能力以及强烈的社会责任感；政府则努力向建设服务型政府方向发展，做到适度的简政放权，不断制定、完善和执行城市治理的政策和实施办法，为物业服务企业拓展城市服务保驾护航；其他城市公众主体则根据自身优势贡献特殊力量，坚持监督城市治理主体的服务行为和服务效果，鞭策城市服务进程高速高质创新发展。

自 2020 年 5 月以来，物业服务企业不断接触探索城市服务领域，物业服务企业和地方政府签署相关合作协议。物业服务企业亟待解决扩大规模、开辟新业务的创新问题，而政府则致力于将城市服务发展得更加专业化和科学化，两者取长补短，相互融合发展的趋势愈加明显，为城市发展和物业服务的创新奠定了基础。城市服务作为政府传统的公共服务，物业服务企业的融入使得其发展更进一步。

国家政策的颁布为城市管理改革奠定了基础，推动城市管理走向城市治理，促进城市系统运行有序高效，实现城市服务的高效运作和发展。为构建服务型政府模式，鼓励政府公共服务外包的政策层出不穷，相关政策法规梳理如表 7-1 所示。

表7-1　相关政策法规

年份	文件名
1999	《中华人民共和国合同法》
2013	《政府采购非招标采购方式管理办法》
2014	《中华人民共和国政府采购法（2014修正）》
2015	《中华人民共和国政府采购法实施条例》
2017	《政府采购货物和服务招标投标管理办法》
2018	《中华人民共和国预算法（2018修正）》
2020	《政府购买服务管理办法》

资料来源：笔者归纳整理。

　　将物业服务融入城市服务，不仅可以丰富物业服务内涵、指明产业链条的探索和实践方向，而且有利于积极适应和引领经济发展的新常态，把城市规划好、建设好、管理好，对促进以人为核心的新型城镇化的发展，建设美丽中国，实现两个一百年的奋斗目标和中华民族伟大复兴的中国梦具有重要的现实意义和深远的历史意义。将物业服务融入城市服务，积极响应国家对城市服务管理的号召，这一实践可以促进对国家相关政策的解读与应用，有利于创新社会治理、维护社会稳定、推动建设和谐宜居城市、改善并提高城市居住环境水平，提升城市发展水平和质量，在一定程度上为政府降低提供公共服务的成本。一方面，为实现政府主导、社会参与、源头治理、执法保障的城市治理"新生态圈"奠定基础，在社区治安管理、解决交通拥堵问题等具体管理方面提供有效解决方案，使现代城市服务能力更加精细化、现代化和智慧化。物业服务企业拓展城市服务通过信息化、一体化的运营实现集约化资源，有效降低政府的管理成本和协调成本。另一方面，城市服务的市场化运营可以使企业感知能力更加敏锐，便于更有效地盘活公共资源，实现公共资源价值的充分挖掘，达到降本增利的效果。对于物业服务企业自身，长期坚持城市服务的合约，长期承接城市管理中的公共服务业务，不仅可以扩大自身品牌影响力，通过提供城市的增值服务使收入多元化，而且凭借良好的服务获得认可，可以为拓展其他城市服务项目奠定基础，发展空间广阔。

　　随着我国城市化建设的迅猛发展，国内城市服务及治理工作普遍存在人才缺失、管理粗放、信息化水平低、沟通效率低，致使无法达到预期公共资源的经济效益和社会效益。城市精细化管理需求亟待满足，围绕让管理者专注于管理且专业人做专业事的中心思想，物业服务企业通过数字化、机械化、专业化的运营手段参与城市治理，拓展城市服务，赋能各专业作业端，提高城市服务的效率和水平，政府则以法定职权对物业服务企业拓展城市服务进行执法保障与监督，公众通过多种渠道积极参与城市公共空间的管理，最终实现政府主导、社会参与、源头治理、执法保障的城市治理"新生态圈"。

二、城市服务的研究现状

马晓信（2021）详细介绍了万科城市服务的发展和案例分析，智慧城市服务运营商万物云城以"科技赋能+人文精神"构成城市服务的双核驱动力，推动城市服务升级。其中，万科横琴总部大厦利用科技化平台、信息化技术、数字化手段实现精细化服务，以最高效率解决台风"山竹"登陆问题。万物云城为鼓浪屿全岛提供城市空间智慧运营服务，推进鼓浪屿公有房产智慧运营管理，并开展市政、园林、环卫和夜景等工作。钟志斌（2021）则论述城市服务的源头、内容和前景，重点论述了物业服务企业跨界城市服务的原因，包括：社会分工的不断细化以及政府和企业端对于效率的极致追求；物业服务企业社区治理经验丰富，物业服务内容与城市治理有重叠部分；城市治理所面临的通用问题都可以通过物业服务企业研究制定的城市治理方案解决等。张伟（2021）提出"物业城市"的必要性、内容和方向；以深圳罗湖清水河模式、深圳南山沙河模式、深圳福田梅林模式和深圳龙岗吉华模式四种运营模式为例，探析深圳"物业城市"主要运营模式，指出发展"物业城市"企业和政府的不同做法。谢晓慧和黄乐（2021）以城市精细化为主题，通过阐述城市服务的现状、要求以及做法，表明物业服务企业进军城市服务领域的困难与能力要求。陈永全（2020）通过阐释武汉市江汉区人民政府与万科物业就老旧社区改造、社区综合治理、物业城市等方面共同探索城市管理以及社区综合治理的"江汉模式"，指出物业城市的兴起与头部企业的布局、巨大的市场潜力与行业准备、需求侧与供给侧的强烈匹配意愿催生行业变革、物业城市模式带来的治理优势、物业企业需要考虑的风险等内容。

三、城市服务内涵研究

1. 城市服务的内涵

（1）服务对象：城市属地政府、企业、居民等终端客户。

（2）服务类型：综合性服务。

（3）交易形式：政府采购、公私合营、混合改制。

（4）主要领域：城市空间运营、产业发展支持和社区民生服务。

（5）服务手段：数字化赋能、智慧化等手段实现规模化以及一体化运营。

（6）涵盖内容：市政环卫、园林绿化、公建物业管理、交通协管以及智慧城市建设等领域。城市服务内容中各细分领域的服务内容大体相同，服务内容的标准化程度较高，但城市服务应"因地制宜"，不同城市的公共建筑和发展特点不尽相同，城市服务的侧重点也不尽相同，如有的城市侧重点在于老旧社区的改造治理，而有的社区则需要进行数字化转型，是以物业服务企业在拓展城市服务时应当充分调查所服务城市的发展特点，制定针对性高、成效优的服务规划。

2."物业城市"的内涵

物业城市是指在城市治理现代化创新探索过程中，创新性地引入市场化和社会化机制，通过"专业服务+智慧平台+行政力量"相融合的方式，以专业化的服务总包、模块化的服务划分、社会化的治理结构、精细化的治理手段，将城市公共服务整体外包，对城市公共空间与公共资源、公共项目进行全流程"管理+服务+运营"的政府、市场、社会多元主体协同治理模式。

（1）专业化的服务总包。

内涵：政府在法治化前提下，通过建立城市服务平台，对可外包的城市服务进行服务总包以降低服务成本，服务总包运营商打造城市服务供应链以进行市场化运营，实现城市服务从需求到供给实现政府—运营商—供应商—市民的网络化贯穿，提高市民满意度，营造政府、企业、社会三赢的局面。

外延：由包括城市服务运营商和城市服务供给商在内的各种市场主体和社会主体，采取企业化运行方式，运用现代科学技术，为市民提供专业化的城市物业服务和增值服务。

（2）模块化的服务划分。

内涵：在对城市服务进行梳理形成城市服务谱系、建立城市服务标准、实现城市服务量子化（可计量、可细分、可描述、可追溯、可查询和可评价）的基础上，依据"专业的人干专业的事"的原则，由总包运营商及其供应商、社会组织和个人共同参与专门化的城市服务。

外延：以社区为基础，以公共枢纽、景区、园区和市政公共资产服务为重点，将城市划分成若干板块，将各类城市服务嵌入其中，基于模块特征制定工作任务清单。

（3）社会化的治理结构。

内涵：建立"纺锤形"治理结构，由政府承担纺锤两头的规划决策和综合执法等城市管理业务和不可外包的城市服务；对"纺锤"腹部可外包的城市服务及运营业务，则依托平台聚集效应，形成包括社会主体、行政主体、市场主体在内的"多用户、多主体"的城市服务生态。在该生态中，各类主体可通过平台进行信息反馈、信息公开、服务竞投等，共同参与到城市服务中来，享受提供服务带来的信用积分、经济回报等，形成基于信任的竞合伙伴关系。

外延：根据城市服务的性质及其供需特征制定城市服务项目清单，向市场主体和社会主体开放日常管养、一般巡查、专业鉴定等城市服务，建立多层次城市服务市场，实现城市管理、服务、运营的市场化、社会化运行。

（4）精细化的治理手段。

内涵：基于城市治理数字基础设施实现智能化的城市服务需求采集、服务供给和流程监管，通过信息公开实现社会共同治理，对各类主体进行绩效考核和信用积分，并依据考核与积分情况进行联合化奖惩，最终实现精细化治理目标。

外延：采用大数据等技术手段，建立项目执行评价体系，对城市管理部门、城市服务运营商、城市服务供给商的管理、服务、运营绩效进行季度和年度考评，对社会组织和公众在城市治理过程中的综合表现进行画像和积分，建立基于积分的城市文明信用管理体系。

"物业城市"这一概念来自横琴案例，是物业服务企业拓展城市服务的一种途径，是中国新区建设的城市治理模式创新成果之一，具有一定的特殊性；但"物业城市"也涵盖了很强的普遍性，符合以人为本的治理要求，符合当今新科技的发展趋势，符合新时期城市治理理论，具有广泛的生命力和一定借鉴意义。"物业城市"又是一项复杂而系统的工程，正处在探索阶段，政府、物业服务企业、社会公众和学术界应当取长补短，勠力同心，创新"物业城市"发展新体系，开创统一的优质服务供应市场，让"物业城市"模式成为新时代物业服务企业拓展城市服务的重要途径，实现全社会治理共同体的新愿景。

物业服务企业作为"物业城市"运营商，即政府公共服务的总承包商，可以提供的服务领域范围包括公共事务、公共服务、公共资产运营以及公共秩序维护等方面，具体情况如下：

（1）公共事务：物业城市运营商在法律允许的范围内协助政府完成管理职能（如巡视工作）和城市公共服务（如绿化、环卫、水体净化），政府负责监督和评价。

（2）公共服务：物业城市运营商的公共服务主要是指与城市空间相关的公共服务，提供包括地上空间、地下空间和水域空间三个部分在内的服务。其中最常见的一个部分就是地上空间的统筹管理，包括环卫、市政、绿化、机电等城市基础管理养护工作；第二部分是对地下综合管廊、隧道等地下空间和公共设施的一体化管养服务；第三部分水域空间的服务则涵盖对水利设施的巡查管养、水域环境的清洁和生态水体检测等服务内容。

（3）公共资产运营：公共资产属于市民委托政府托管的公共资源，这些公共资源由于具有国有或者全民所有的属性，因此，在传统的城市治理模式下，一般由政府或者政府的派出机构如国有企业直接运营。在"物业城市"模式下，政府可将这些公共资源交由物业城市运营商进行委托运营。

（4）公共秩序维护：城市运营商还可以承担公共秩序的维护业务，比如疫情期间防控监督、重大节假日期间人群疏导以及上下班高峰期的人员疏导等。

第二节 城市服务的典型模式研究

一、物业服务企业拓展城市服务的模式分析

1. 珠海横琴模式

积极稳妥推进国有企业混合所有制改革,指导混合所有制改革企业科学设计改革路径,最大限度用足用好现有涉及混合所有制改革的相关税收政策,国家发展改革委、财政部、国家税务总局等部门对相关政策进行了梳理,形成了《国有企业混合所有制改革相关税收政策文件汇编》。珠海大横琴集团有限公司(以下简称大横琴集团)与万科物业发展股份有限公司(以下简称万科物业)积极响应国家号召,正式签署战略合作框架协议,以珠海大横琴城市公共资源经营管理有限公司(以下简称大横琴城资公司)为合作载体进行混合所有制改革(以下简称混改),这标志着横琴新区深化国有企业改革,创建全国"物业城市"试点工作正式启动,全国首个"物业城市"平台企业大横琴城资公司正式诞生。

大横琴城资公司以打造"共建共治共享社会治理新格局"的"物业城市"横琴模式为目标,融科技赋能、人文精神于公司日常经营管理中,对城市公共空间、公共资源、公共项目等业务实行市场化、精细化、智慧化、人文化管理,打造更加专业化的服务,并提供辅助公共服务,运用智慧化运营手段,充分利用综合管廊智慧化管理平台以提高横琴管廊的运营效率,成功降低突发的自然灾害(2018 年台风"山竹"登陆珠海)对城市造成的危害。

2. 广州白云模式

广州白云区专业化管理团队在治安管理、环卫保洁等方面进行科学化管理与服务;加大建设全域化智能管理系统力度,集中汇集辖区内视频监控、房屋门禁、入村车闸、工作设备车辆等数据,通过推进"网格化+信息化",有效提升信息采集效率和基层管控能力;通过合作经营盘活提升集体存量物业及低效用地,增加村集体收益等措施进行城市治理的改革与创新,实现城市经营性资源的运营反哺全域化支出成本的目标。

该区的云城街道、广州白云金融控股集团有限公司、云城街萧岗经济联合社三方签署《战略合作框架协议》，三方取长补短，共同开拓全域化管理服务、村域环境优化、集体经济提升、新兴产业导入等方面，全面提升萧岗村"城中村"基层社会治理能力，加强基层治理体系现代化建设，共同构建和睦共治、绿色集约和智慧共享的宜居宜业的"新萧岗村"，实现共赢发展。

3. 河北雄安模式

雄安新区采用"1+N"规划体系和"1+N"政策体系进行构筑城市管理设计方案，不仅注入大量的基础设施资源，而且也需要完善配套的公共服务水平。依靠行政机制，结合市场机制和社会机制吸引并留住人才。在提供城市服务的基础上，注重雄安新区的建设与白洋淀生态系统的脆弱性之间的良性发展关系。坚持使用符合生态文明要求的方式建设和发展城市，避免加剧污染和破坏环境的不良后果。

雄安新区将创新发展、绿色低碳和数字智能融入城市的规划、建设、发展、管理等多方面，随着"BAT"等多家科技企业的入驻以及达实智能、安控科技和数字政通相关上市企业的发展，城市服务的创新力量不断加强。雄安与阿里巴巴的合作使得城市的部件和活动实时在线，交通、能源、供水等民生基础设施的信息化应用水平不断提升。

4. 鼓浪屿模式

2020 年 5 月，厦门思明城建集团有限公司、厦门思明市政事业发展有限公司与万物云城共同成立厦门市思明城市资源经营管理有限公司，为鼓浪屿全岛提供城市空间智慧运营服务，通过"行政指导+专业服务+智慧平台"融合的方式推进鼓浪屿的公有房产智慧运营管理，并开展市政、园林、环卫和夜景等工作，最终实现政府主导、企业运作、社会广泛参与的新型城市治理生态圈。

随着"物业城市"模式改革的全面推进，沙头街道构建出一个全新的社会治理生态圈，充分改革创新市政环卫业务的管理与服务。减轻政府负担，便利公众生活，更有效地开发利用公共资源以获得经济效益。

案例模式的对比分析：

通过以上四种城市治理与服务的模式对比，珠海横琴模式利用国有企业的混改机制进行城市服务的创新，针对横琴复杂的城市环境和需求，综合利用市场化手段、信息化手段等实现城市智慧化与运营服务；广州白云模式侧重于"城中村"的治理，利用网络化、制度化手段实现城市高质量服务的目标；河北雄安模式重点发展科技化企业，不断创新智能技术，引领国家城市服务潮流；鼓浪屿模式则在提供城市基本服务的基础之上，因地制宜地开创文物保护和环卫创新管理的特色方面。

现阶段的物业企业拓展城市服务模式均采用经营权与产权解绑的制度设计，即在政府保留行政权力的基础上，将部分产权进行市场化转化。但所成立的企业资产结构中的国有资产与社会资产的比重不同，如珠海横琴模式、广州白云模式和河北雄安模式，这一比例的不同与相关国家政策和地域特点不同有关，最终的城市服务效果应当从共性和特性等方面综合评估。

二、物业服务企业拓展城市服务的痛点分析

1. 政府部门重视不足

在物业服务企业拓展城市服务进程中，存在一些政府部门领导和财务部门认知不足、重视度较低的问题，如公共服务外包后评估成本会增加且监督力度不足、采用整体购买公共服务的方式会增加行政成本等，致使推进进程的支持力度不足，目标实现的时间变长，或者模式运营之后管理责任分配不清，出现推诿扯皮现象等。

2. 城市服务从业者专业化水平较低

物业服务企业的基础服务、专项服务以及特约服务等业务与城市服务管理业务不尽相同，以住宅业态为例，服务范围不同，住宅社区区域小且人员组成较简单，城市服务区域大且人员成分复杂，所以物业服务企业在日常业态的服务方法、能力以及经验等无法照搬照用，需要根据城市服务管理的要求和标准进行专业化培训和实践，而且城市服务启动阶段大量业务新增，短期内可能出现企业经验不足、人员素质较低等专业性问题。

3. 公平性难以保证

现阶段城市服务模式主要依靠智能化网络信息平台实现供需分配，这在一定程度上使得学习能力较低的老年人和特殊群体等无法公平地享受到科技化城市服务的红利，很难体验和参与到新型城市服务的模式治理之中。

4. 市场化不足

城市服务治理进程尚在探索阶段，存在资本结构不合理以及合同规定不科学的风险，从而导致市场资本的决定权不足，很难建立有效的市场化机制，无法实现目标经济效益。城市服务内容种类繁杂，数量庞大，承担业务的物业服务企业开始阶段可能无法有效承接。

5. 存在利益冲突

物业服务企业拓展城市服务由政府部门、物业服务企业以及公众等多方主体共同治理，可能存在利益目标不一致进而出现矛盾纠纷现象：政府部门侧重于管理成本的节约、维护人民利益以及实际可获得的政绩成果；物业服务企业则图利为本，提供服务的最初出发点和最终落脚点是创造商业价值、推动企业创新与发展壮大；社会公众更看重这一政策或者模式带来的便利和自身感受，因而各个主体的目标利益不一致，进而不可避免矛盾的产生和阻滞。此外，城市服务创新的服务标准和监督考核标准尚不成熟，解决矛盾纠纷的方法经验也有待积累，利益冲突得不到及时良好的解决也会在一定程度上影响城市服务的质量和效益。

6. 群众感知不足

政府部门将公共服务外包以后，部分权力随之转移，这一转变可能导致普通群众对公共服务的感知能力下降，对政府部门和物业服务企业的权力划分与职能管理产生疑惑，容易混淆责任主体，致使群众问题得不到高效解决而降低群众满意度。

7. 制度供给不足

目前政府关于购买公共服务有关的制度和规定比较传统，墨守成规，实践性不强。政策并没有对各部门之间的权限划分、具体运行机制等内容做出明确可操作性的规定。相关制度的供给不足可能会造成权责混乱、管理不当的不良后果。

第三节 物业管理企业拓展城市服务的路径研究

一、物业服务企业的拓展路径研究

1. 培养良好的商业信誉

承接城市服务的物业服务企业需要具有良好商业信誉，并且企业信息透明公开，可以是长时间从事于物业服务领域的国有企业或者上市公司等。坚持做到企业账户与个人账户划分清楚，所有收支明细记录归档整理，按时且及时付款给供应商，财务往来公正透明，监督到位。对于物业服务中的不同业态，应严格要求项目管理的细节和质量，重诚信，守信用，实事求是，树立良好的企业口碑与形象。在城市服务中，企业应当严格执行政府颁布的相关政策法规，杜绝徇私舞弊、人情往来的可能；承诺政府的目标尽最大努力实现，未实现方面应当有理有据、说明无法达成的目标原因，正视自身的不足，争取通过学习等手段弥补短板，最终呈现可观的结果；切实做到向公众宣传的内容，严禁夸大虚假的服务效果，从细节做起，从点滴服务就达到承诺的要求，可以满足甚至高于公众期望，切忌眼高手低、好高骛远。

2. 增强商业竞争力

企业应该具有雄厚的商业实力，是一家发展成熟的物业服务公司，具有丰富的物业管理相关经验以及相关的专业技术人才，学习能力强，创新力丰富。企业储备人才的时候提高要求，多招聘创新学习型人才，勇于提出企业管理的弊端，有能力进行企业改革创新的规划与实施。建立并完善严格的监督制度，确保企业运营管理的高质量发展。定期开展员工培训与评估，甄别和选拔员工的优劣，合理安排员工的工作岗位，充分发挥员工的个人价值以便为企业创造利益和价值。不断开拓新的业态，实现企业多元化收入的基础上，促使企业因满足发展需求而学习与创新，不断增加商业实力。进行合理化投资，调整企业的资产结构，顺应国家政策营造的经济发展新形态，积极向供给侧结构性改革靠拢。确定企业的市场定位，制定科学的发展战略，客观分析自身发展状况和发展环境，明确发展目标和市场空间，利用自身优势集中精力实现目标。不断开发新的服务，形成特色鲜明、独树一帜的发展特色和竞争优势，丰富营销手段，保持稳定更高的市场占有率。

3. 提升市场化能力

企业应该对市场机制有充分的认识和了解并且具有丰富的市场化运作经验，拥有成熟的市场化运营体系和专业化管理水平。做到解放思想，将市场化的价值理念宣传至企业，将整体拆分成个体投入市场，将内部运营拓展为市场化运营与发展。建立健全市场化运营机制、服务价格标准以及信息共享平台等，以市场机制进行利润分配，充分调动员工积极性，激发员工潜力以便创造更大的价值。及时了解分析行业市场发展现状，保持对市场化信息的敏感度和快速反应能力，提升物业服务企业的市场适应能力。善于听取城市管理的不同参与主体的真实想法和意见，了解前沿市场的需求和要求，及时调整企业重点发展或创新的方面，不断适应市场、顺应时代发展的潮流，切忌墨守成规、一成不变。

4. 坚持强烈的社会责任感

多方联动形成的"物业城市"通过市场化手段合理使用公共资源，盘活社会公共资源，实现资源收益最大化，并将收益最终应用于城市日常管理、维护与服务，维持管理维护的成本支出等，基于这一考量，企业应当具有强烈的社会责任感。培养并贯彻社会责任意识的企业价值文化，大力宣传企业积极承担社会责任的价值文化，积极开展公益活动，培养企业员工的社会责任感，塑造企业积极承担社会责任的良好形象。

企业首先做到对城市本身负责，从人员招聘、管理决策、学习创新、治理体系以及服务模式等方面做到精细化管理，严格把握每一环节，力争将服务做到极致。其次，做到对参与城市服务的各种主体负责，认真配合政府部门、社会主体以及组织等主体的工作，切忌出现相互推诿的现象，企业应当在做好本职工作的基础上，积极协助其他主体工作的推进与完成。其中，要着重满足城市公众的需求，将所服务的城市看作一个不动产主体，城市公众相当于"业主"，提供物业服务应当以"业主"为本，对业主负责。最后，做到对企业员工负责，招聘时提供真实的职位要求和薪酬待遇，对于工伤、重大突发公共卫生事件等问题的出现，应当采取积极有效的解决措施，坚定地维护员工个人利益，积极开展员工关爱活动，充分考虑员工感受，增加员工的归属感和忠诚度，进而调动员工的工作热情和积极性，增加企业收益，并将收益反哺员工，使员工精神与物质均获得满足。

5. 积极参与地方国企混改

国企实施混改，不仅可以引进一大批主业产业链、价值链和供应链上的优质战略投资者，还可以引入企业发展所需的技术、管理、市场等核心资源，有效增强竞争力、创新力、控制力、影响力和抗风险能力。物业服务企业以参与地方国企混改的方式，带动自身城市服务水平的提升和企业良性发展，努力实现创新发展资本股权多元化改革的实质性落地。

二、政府有关部门的拓展路径研究

1. 制定相关政策

坚持法治精治共治原则，应制定"物业城市"服务标准、运营商准入标准、"物业城市"公共服务纳入政府购买目录、关于"物业城市"购买社会服务的指导意见等配套政策，对政府购买服务的内容、主体、对象、范围、方式与流程等进行明确规定。同时，研究并颁布监督、考核物业服务企业开展城市服务的标准与条例，可以成立专业的品质督查组织，从属于政府部门，监管于物业企业，将企业不达标或者违规服务和做法进行记录、通报并敦促改进。另外，政府也应该颁布鼓励企业良性竞争和发展城市服务的政策，给予企业接手并拓展城市服务一定补贴或福利政策，使市场不断拓展，让企业有利可图，为企业拓展城市服务提供动力。

2. 制定具体办法

制定"治理委员会办法"，对治理委员会的构成、产生、权责、运行等进行规定；制定"运营商管理办法"，对城市服务总包运营商的招标、权责、授权、监管、考核、退出等进行规定；制定"城市服务外包办法"，对可外包的服务、外包的形式、外包的期限等进行规定；制定"城市服务规划办法"，对服务总量、内容及价格的规划、基础设施建设规划、上期规划评价等进行规定；制定"城市治理协商办法"，对社会主体协商的方式、频率、内容等进行规定；制定"城市治理利益相关者社会责任管理办法""城市治理信息公开办法"等具体办法。

3. 公众的拓展途径

公众可以通过服务竞标、专家咨询、论证会、听证会、网络征询、问卷调查等多种方式参与城市服务活动；中介组织为市场准入、监督、公证、纠纷解决等方面提供服务；志愿者组织可以在文化卫生、环境保护等领域以及大型赛会活动等方面开展志愿服务活动；社区（居民委员会、村民委员会）依法协助街道办事处、镇人民政府开展城市治理工作，承担事务性管理工作，承接政府委托的公共服务项目，做到发现并报告社区内城市治理工作中存在的问题，调处矛盾纠纷，动员、组织社区内单位和居民、村民参与相关城市治理活动；新闻媒体参与城市治理，履行社会责任，加大宣传力度，并对参与主体的违法行为进行舆论监督。社区业主可以对标社区物业服务和城市服务，对城市服务应当达到的效果提出建设性意见和建议。社区老年服务机构以及城市中的养老机构、福利院的发展也为城市服务开拓了新的道路，并提出了更高的标准和要求。

第八章　物业管理驱动新型智慧城市建设路径研究

第一节 智慧城市的研究现状

一、国内智慧城市的发展梳理

智慧城市（Smart City）是以发展更科学、管理更高效、生活更美好为目标，以信息技术和通信技术为支撑，通过透明、充分的信息获取，广泛、安全的信息传递和有效、科学的信息处理，提高城市运行效率，改善公共服务水平，形成低碳城市生态圈而构建的新形态城市。随着科技的飞速发展和信息化社会的到来，智慧城市已成为今后城市规划的新方向。

2023年，我国智慧城市建设方面的投资持续增加，技术不断革新，主要发展领域包括智慧政务、智慧应急和智慧交通等。智慧城市不仅能够提高城市治理的效率和质量，而且在应对环境变化、提升居民生活质量方面发挥着重要作用。展望未来，以人为本，城市数智化转型、绿色低碳发展和技术创新多元化发展，包括数字孪生、元宇宙等新兴技术的深入应用，将使城市服务更加智能化和人性化。

二、国外智慧城市的发展梳理

2008年11月，在纽约召开的外国关系理事会上，IBM提出了"智慧地球"这一理念，进而引发了智慧城市建设的热潮。

欧盟于2006年发起了欧洲 Living Lab 组织，它采用新的工具和方法、先进的信息和通信技术来调动方方面面的"集体的智慧和创造力"，为解决社会问题提供机会。该组织还发起了欧洲智慧城市网络。Living Lab 完全是以用户为中心，借助开放创新空间的打造帮助居民利用信息技术和移动应用服务提升生活质量，使人的需求在其间得到最大的尊重和满足。

2009年，迪比克市与IBM合作，建立美国第一个智慧城市。利用物联网技术，在一个有6万居民的社区里将各种城市公用资源（水、电、油、气、交通、公共服务等）连接起来，监测、分析和整合各种数据以做出智能化的响应，更好地服务市民。迪比克市的第一步是向所有住户和商铺安装数控水电计量器，其中包含低流量传感器技术，防止水电泄漏造成的浪费。同时搭建综合监测平台，及时对数据进行分析、整合和展示，使整个城市对资源的使用情况一目了然。更重要的是，迪比克市向个人和企业公布这些信息，使他们对自己的耗能有更清晰的认识，对可持续发展有更多的责任感。韩国以网络为基础，打造绿色、数字化、无缝移动连接的生态、智慧型城市。通过整合公共通信平台，以及无处不在的网络接入，消费者可以方便地开展远程教育、医疗、办理税务，还能实现家庭建筑能耗的智能化监控等。

2006 年新加坡启动的"智慧国 2015"计划，通过物联网等新一代信息技术的积极应用，将新加坡建设成为经济、社会发展的国际化城市。在电子政务、服务民生及泛在互联方面，新加坡成绩引人注目。其中智能交通系统通过各种传感数据、运营信息及丰富的用户交互体验，为市民出行提供实时、适当的交通信息。

美国麻省理工学院比特和原子研究中心发起的 Fab Lab（微观装配实验室）基于从个人通信到个人计算再到个人制造的社会技术发展脉络，试图构建以用户为中心、面向应用的用户创新制造环境，使人们即使在自己的家中也可随心所欲地设计和制造他们想象中的产品，巴塞罗那等城市从 Fab Lab 到 Fab City 的实践则从另外一个视角解读了智慧城市以人为本可持续创新的内涵。

欧洲的智慧城市更多关注信息通信技术在城市生态环境、交通、医疗、智能建筑等民生领域的作用，希望借助知识共享和低碳战略实现减排目标，推动城市低碳、绿色、可持续发展，投资建设智慧城市，发展低碳住宅、智能交通、智能电网，提升能源效率，应对气候变化，建设绿色智慧城市。

丹麦建造智慧城市哥本哈根（Copenhagen）有望在 2025 年前，成为第一个实现碳中和的城市。要实现该目标，主要依靠市政的气候行动计划——启动 50 项举措，以实现其 2015 年减碳 20% 的中期目标。在力争取得城市的可持续性发展时，许多城市的挑战在于维持环保与经济之间的平衡。采用可持续发展城市解决方案，哥本哈根正逐渐接近目标。哥本哈根的研究显示，其首都地区绿色产业 5 年内的营收增长 55%。

瑞典首都斯德哥尔摩，被欧盟委员会评定为"欧洲绿色首都"；在普华永道智慧城市报告中，斯德哥尔摩名列第五位，分项排名中智能资本与创新、安全健康与安保均排在第一位，人口宜居程度、可持续能力也是名列前茅。

三、智慧城市产生背景

智慧城市起源于传媒领域，是指在城市规划、设计、建设、管理与运营等领域中，通过物联网、云计算、大数据、空间地理信息集成等智能计算技术的应用，使城市管理、教育、医疗、房地产、交通运输、公用事业和公众安全等城市组成的关键基础设施组件和服务更互联、高效和智能，从而为市民提供更美好的生活和工作服务、为企业创造更有利的商业发展环境、为政府赋能更高效的运营与管理机制。智慧城市经常与数字城市、感知城市、无线城市、智能城市、生态城市、低碳城市等区域发展概念相交叉，甚至与电子政务、智能交通、智能电网等行业信息化概念发生混杂。对智慧城市概念的解读也经常各有侧重，有的观点认为关键在于技术应用，有的观点认为关键在于网络建设，有的观点认为关键在于人的参与，有的观点认为关键在于智慧效果，一些城市信息化建设的先行城市则强调以人为本和可持续创新。总之，智慧城市绝不仅仅是智能。智慧城市绝不仅仅是智能城市的另外一个说法，或者说是信息技术的智能化应用，还包括人的智慧参与、以人为本、可持续发展等内涵。综合这一理念的发展源流以及对世界范围内区域信息化实践的总结，从技术发展和经济社会发展两个层面的创新对智慧城市进行了解析，强调智慧城市不仅仅是物联网、云计算等新一代信息技术的应用，更重要的是通过面向知识社会的创新方法论应用。

智慧城市通过物联网基础设施、云计算基础设施、地理空间基础设施等新一代信息技术以及维基、社交网络、Fab Lab、Living Lab、综合集成法、网动全媒体融合通信终端等工具和方法的应用，实现全面透彻的感知、宽带泛在的互联、智能融合的应用以及以用户创新、开放创新、大众创新、协同创新为特征的可持续创新。伴随网络帝国的崛起、移动技术的融合发展以及创新的民主化进程，知识社会环境下的智慧城市是继数字城市之后信息化城市发展的高级形态。

从技术发展的视角，智慧城市建设要求通过以移动技术为代表的物联网、云计算等新一代信息技术应用实现全面感知、泛在互联、普适计算与融合应用。从社会发展的视角，智慧城市还要求通过维基、社交网络、Fab Lab、Living Lab、综合集成法等工具和方法的应用，实现以用户创新、开放创新、大众创新、协同创新为特征的知识社会环境下的可持续创新，强调通过价值创造，以人为本实现经济、社会、环境的全面可持续发展。

2010 年，IBM 正式提出了"智慧的城市"愿景，希望为世界和中国的城市发展贡献自己的力量。IBM 经过研究认为，城市由关系到城市主要功能的不同类型的网络、基础设施和环境六个核心系统组成：组织（人）、业务/政务、交通、通信、水和能源。这些系统不是零散的，而是以一种协作的方式相互衔接，而城市本身，则是由这些系统所组成的宏观系统。

四、智慧城市形成因素

有两种驱动力推动智慧城市的逐步形成，一是以物联网、云计算、移动互联网为代表的新一代信息技术，二是在知识社会环境下逐步孕育的开放的城市创新生态。前者是技术创新层面的技术因素，后者是社会创新层面的社会经济因素，由此可以看出创新在智慧城市发展中的驱动作用。清华大学公共管理学院书记、副院长孟庆国教授提出，新一代信息技术与创新 2.0 是智慧城市的两大基因，缺一不可。

智慧城市不仅需要物联网、云计算等新一代信息技术的支撑，还需要培育面向知识社会的下一代创新（创新 2.0）。信息通信技术的融合和发展消融了信息和知识分享的壁垒，消融了创新的边界，推动了创新 2.0 形态的形成，并进一步推动各类社会组织及活动边界的"消融"。创新形态由生产范式向服务范式转变，也带动了产业形态、政府管理形态、城市形态由生产范式向服务范式的转变。如果说创新 1.0 是工业时代沿袭的面向生产、以生产者为中心、以技术为出发点的相对封闭的创新形态，创新 2.0 则是与信息时代、知识社会相适应的面向服务、以用户为中心、以人为本的开放的创新形态。北京市城管执法局信息装备中心主任宋刚在"创新 2.0 视野下的智慧城市与管理创新"的主题演讲中，从三代信息通信技术发展的社会脉络出发，对创新形态转变带来的产业形态、政府形态、城市形态、社会管理模式创新进行了精彩的演讲。他指出智慧城市的建设不仅需要物联网、云计算等技术工具的应用，也需要微博、维基等社会工具的应用，更需要 Living Lab 等用户参与的方法论及实践来推动以人为本的可持续创新，同时他结合北京基于物联网平台的智慧城管建设对创新 2.0 时代的社会管理创新进行了生动的诠释。

五、智慧城市建设意义

随着信息技术的不断发展，城市信息化应用水平不断提升，智慧城市建设应运而生。建设智慧城市在实现城市可持续发展、引领信息技术应用、提升城市综合竞争力等方面具有重要意义。

改革开放四十多年来，我国城镇化建设取得了举世瞩目的成就，尤其是进入 21 世纪后，城镇化建设的步伐不断加快，每年有上千万的农村人口进入城市。随着城市人口不断膨胀，"城市病"成为困扰各个城市建设与管理的首要难题，资源短缺、环境污染、交通拥堵、安全隐患等问题日益突出。为了破解"城市病"困局，智慧城市应运而生。由于智慧城市综合采用了包括射频传感技术、物联网技术、云计算技术、下一代通信技术在内的新一代信息技术，因此能够有效地化解"城市病"问题。这些技术的应用能够使城市变得更易于被感知，城市资源更易于被充分整合，在此基础上实现对城市的精细化和智能化管理，从而减少资源消耗，降低环境污染，解决交通拥堵，消除安全隐患，最终实现城市的可持续发展。

当前，全球信息技术呈加速发展趋势，信息技术在国民经济中的地位日益突出，信息资源也日益成为重要的生产要素。智慧城市正是在充分整合、挖掘、利用信息技术与信息资源的基础上，汇聚人类的智慧，赋予物以智能，从而实现对城市各领域的精确化管理，实现对城市资源的集约化利用。由于信息资源在当今社会发展中的重要作用，发达国家纷纷出台智慧城市建设规划，以促进信息技术的快速发展，从而达到抢占新一轮信息技术产业制高点的目的。为避免在新一轮信息技术产业竞争中陷于被动，中国政府审时度势，及时提出了发展智慧城市的战略布局，以期更好地把握新一轮信息技术变革所带来的巨大机遇，进而促进中国经济社会又好又快地发展。

战略性新兴产业的发展往往伴随着重大技术的突破，对经济社会全局和长远发展具有重大的引领带动作用，是引导未来经济社会发展的重要力量。当前，世界各国对战略性新兴产业的发展普遍予以高度重视。一方面，智慧城市的建设将极大地带动包括物联网、云计算、三网融合、下一代互联网以及新一代信息技术在内的战略性新兴产业的发展；另一方面，智慧城市的建设对医疗、交通、物流、金融、通信、教育、能源、环保等领域的发展也具有明显的带动作用，对中国扩大内需、调整结构、转变经济发展方式的促进作用同样显而易见。因此，建设智慧城市对中国综合竞争力的全面提高具有重要的战略意义。

六、数字城市的发展研究

数字城市是数字地球的重要组成部分，是传统城市的数字化形态。数字城市是应用计算机、互联网、3S、多媒体等技术将城市地理信息和城市其他信息相结合，数字化并存储于计算机网络上所形成的城市虚拟空间。数字城市建设通过空间数据基础设施的标准化、各类城市信息的数字化整合多方资源，从技术和体制两方面为实现数据共享和互操作提供了基础，实现了城市3S技术的一体化集成和各行业、各领域信息化的深入应用。数字城市的发展积累了大量的基础和运行数据，也面临诸多挑战，包括城市级大量信息的采集、分析、存储、利用等处理问题，多系统融合中的各种复杂问题，以及技术发展带来的城市发展异化问题。

新一代信息技术的发展使得城市形态在数字化基础上进一步实现智能化成为现实。依托物联网可实现智能化感知、识别、定位、跟踪和监管；借助云计算及智能分析技术可实现大量信息的处理和决策支持。同时，伴随知识社会环境下创新2.0形态的逐步展现，现代信息技术在对工业时代各类产业完成面向效率提升的数字化改造之后，逐步衍生出一些新的产业业态、组织形态，使人们对信息技术创新形态演变、社会变革有了更真切的体会，对科技创新以人为本有了更深入的理解，对现代科技发展下的城市形态演化也有了新的认识。

研究机构对智慧城市的定义为：通过智能计算技术的应用，使城市管理、教育、医疗、房地产、交通运输、公用事业和公众安全等城市组成的关键基础设施组件和服务更互联、高效和智能。从技术发展的视角，李德仁院士认为智慧城市是数字城市与物联网相结合的产物。胡小明则从城市资源观念演变的视角论述了数字城市相对应的信息资源、智能城市相对应的软件资源、网络城市相对应的组织资源之间的关系。值得关注的是，一些城市信息化建设的先行城市也越来越多地开始从以人为本的视角开展智慧城市的建设，如欧盟启动了面向知识社会创新

2.0 的 Living Lab 计划，致力于将城市打造成为开放创新空间，营造有利于创新涌现的城市生态。

对比数字城市和智慧城市，发现以下六方面的差异：

一是数字城市通过城市地理空间信息与城市各方面信息的数字化在虚拟空间再现传统城市，智慧城市则注重在此基础上进一步利用传感技术、智能技术实现对城市运行状态的自动、实时、全面透彻的感知。

二是数字城市通过城市各行业的信息化提高了各行业管理效率和服务质量，智慧城市则更强调从行业分割、相对封闭的信息化架构迈向作为复杂巨系统的开放、整合、协同的城市信息化架构，发挥城市信息化的整体效能。

三是数字城市基于互联网形成初步的业务协同，智慧城市则更注重通过泛在网络、移动技术实现无所不在的互联和随时随地随身的智能融合服务。

四是数字城市关注数据资源的生产、积累和应用，智慧城市更关注用户视角的服务设计和提供。

五是数字城市更多注重利用信息技术实现城市各领域的信息化以提升社会生产效率，智慧城市则更强调人的主体地位，更强调开放创新空间的塑造及其间的市民参与、用户体验，以及以人为本实现可持续创新。

六是数字城市致力于通过信息化手段实现城市运行与发展各方面功能，提高城市运行效率，服务城市管理和发展，智慧城市则更强调通过政府、市场、社会各方力量的参与和协同实现城市公共价值塑造和独特价值创造。

智慧城市不但广泛采用物联网、云计算、人工智能、数据挖掘、知识管理、社交网络等技术工具，也注重用户参与、以人为本的创新 2.0 理念及其方法的应用，构建有利于创新涌现的制度环境，以实现智慧技术高度集成、智慧产业高端发展、智慧服务高效便民、以人为本持续创新，完成从数字城市向智慧城市的跃升。智慧城市将是创新 2.0 时代以人为本的可持续创新城市。

第二节　物业管理嵌入新型智慧城市建设研究

一、新型智慧城市发展梳理

党的二十大报告中指出，"坚持人民城市人民建、人民城市为人民，提高城市规划、建设、治理水平，加快转变超大特大城市发展方式，实施城市更新行动，加强城市基础设施建设，打造宜居、韧性、智慧城市"。由此可见，国家对城市发展的重视。近年来，中国物业管理行业发展迅速，发展方向越来越多，发展路径越走越宽。在物业服务企业持续探索新型的业务模式，不仅将业务从住宅物业管理拓展至非住宅领域，其中，新型智慧城市服务脱颖而出，成为当下各头部企业争相布局的重点赛道。国内各地市也正在加速推进新型智慧城市建设，实现公共服务高效化、社会治理精准化，推动数字化在社会治理现代化中的深度应用，给人民群众工作生活提供更多便利。持续开展新型智慧城市群众满意度提升工程，通过政府、企业、社会凝心聚力、携手联动，推动形成全民参与、全民共享的新型智慧城市建设格局，让新型智慧城市惠及更多人。运用数字技术推动城市管理手段、管理模式、管理理念创新，精准高效满足群众需求。加强物业服务监管，提高物业服务覆盖率、服务质量和标准化水平。对物业服务企业而言，既是机遇也是挑战，可见"新型智慧城市服务"是未来物业服务的新"蓝海"。

2023年，山东省人民政府印发《山东省数字政府建设实施方案》，该方案指出"开展新型智慧城市提标行动，全面优化提升新型智慧城市星级创建标准，加快建设人民满意的新型智慧城市"。济南市人民政府发布《关于进一步加快新型智慧城市建设的实施意见》，指出"更多运用互联网、物联网、云计算、边缘计算、大数据、人工智能等新一代信息通信技术，推进城市治理制度创新、模式创新、手段创新，加快城市治理体系和治理能力现代化"。目前，统一的数据收集、存储、处理平台尚未构建成熟，数据共享共用机制尚未确立，应用开发还不够深入，这些问题仍然制约着大数据在新型智慧城市建设中深入的应用。

2015年12月，在互联网大会"数字中国论坛"上"新型智慧城市"首次被提出，新型智慧城市的发展主要由数据驱动，新型智慧城市是指针对城市经济、社会发展的现实需求，以提升人民群众的幸福感和满意度为核心，为提升城市发展方式的智慧化而开展的城市治理系统工程，与智慧城市相比，更加注重以人为本、开放共享、系统整合的理念和实践创新。因此，新型智慧城市建设是时代与发展的双重要求，探讨新型智慧城市发展驱动力与路径创新变得紧迫而重要。

二、国内外研究现状

在国际上关于大数据的研究，Alvin Toffler 等早在 1980 年就前瞻性地指出大数据的概念。Tony Cass 在 1998 年的 *Science* 上发表了介绍用于处理"大数据"（Big Data）软件包 HiQ 的论文。Nature 在 2008 年推出了 Big Data 专刊。2012 年1 月，在达沃斯世界经济论坛上，探讨了个人产生的移动数据与其他数据的融合与利用。在国内，2012 年 5 月，中国的香山科学会议组织讨论了"大数据科学与工程"等主题的内容。同年 6 月，在中国计算机学会举办的论坛上开展了针对大数据的技术、理论、应用等问题的深刻讨论。陆斌彬（2023）研究了大数据的基本特征，介绍了大数据的重要价值，以及在信息安全方面的挑战，并就保障我国大数据信息安全提出了建议。卢竞攸（2023）对大数据时代的管理变革进行了研究，通过分析大数据的兴起历史与概念，阐明企业在发展过程中必须注重管理模式的变革。

崔庆宏等（2021）以山东省为例，研究新型智慧城市运营能力及其影响因素，对新型智慧城市运营能力加以界定，在此基础上对其影响因素从治理、经济、技术和数据等方面进行梳理，构建了新型智慧城市运营能力影响因素的概念模型。治理体系、经济要素、技术支撑与数据应用对运营能力均具有显著的积极影响作用，但其影响程度存在差异性，这为研究新型智慧城市的运营能力提供借鉴思路。王威（2023）以三元空间理论为基础，通过对城市系统和智慧城市系统的相互关系进行分析，将新型智慧城市抽象为一个城市的反馈控制系统，提出了基于三元空间理论的新型智慧城市系统框架，拓展了新型智慧城市建设的理论。

智慧城市打破了原有城市发展的模式，塑造了城市可持续发展的新面貌，而这种变革主要依赖创新，创新也成为智慧城市建设和可持续发展的灵魂。城市是一个复杂庞大的系统，要使原先不智慧的城市发展为智慧城市，需要对城市的经济、社会、人文、环境等领域进行创新性变革，既要充分在各领域使用新一代信息技术，改革原有的发展模式，又要充分将各领域进行协同融合，共同促进城市这个复杂系统的整体革新和进步。因此，智慧城市的发展需要从城市的系统架构入手，充分融合人的"智慧"和新一代信息技术的"省能"将城市各领域的各环节进行创新，从而构建真正的智慧城市，并使其获得长久的持续发展。

新一代信息技术在智慧城市中的充分应用不但推动了城市通过智能传感器实现对不同物理空间物体的感知和测量，便于城市通过对信息获取及传递实现物与物的有效互联，而且能将个人、组织和政府有关的分散信息进行连接、交互以及多方共享，从而实现不同主体之间的高效连通和充分协作，为城市发展提供充分的信息保障。

物联网和互联网技术的有效应用能有效推动城市信息网的构建，并通过对多源异构数据的集成、融合和同化搭建庞大的城市系统。系统中心通过对所采集的海量数据进行深度加工和分析，提升信息的利用价值，从而为城市智能决策提供支撑。

智慧城市能够通过新一代信息技术将尽量多的城市主体融合到智慧系统中，充分实现公众参与和社会协同。公众的有效参与可以为城市决策提供多渠道的信息来源，不但能够助力城市智慧决策，而且能够推动基于系统认同的创新获得成功，实现智慧城市以人为本的宗旨和可持续发展目标。

三、新型智慧城市发展实施路径

（1）政府搭建新型智慧城市治理统一综合数据平台。

新型智慧城市的发展主要由数据驱动，政府搭建新型智慧城市治理统一综合数据平台，按照新型智慧城市建设涵盖内容分为若干模块，包含智慧社区、智慧人口、智慧生态、智慧规划、智慧交通、智慧医疗等模块数据。新型智慧城市的目标是实现高效有序的城市治理，以推动城市运转的各环节和各领域协同发展，提升城市治理体系和治理能力的现代化。为了实现这个目标，新型智慧城市要搭建一体化的城市治理平台，将城市治理的多个环节和多个领域纳入该平台，并以数据为主要驱动力，打破城市治理中不同领域和不同环节之间的信息壁垒，实现城市中海量信息的自由流动和互通共享，以推动城市治理的系统化决策和智慧化决策，实现高效的新型智慧城市治理目标。

（2）政府主导制定新型智慧城市建设统一标准。

按照新型智慧城市建设涵盖内容分为若干部分，包含智慧社区、智慧人口、智慧生态、智慧规划、智慧交通、智慧医疗等方面。新型智慧城市的发展主要由数据驱动，政府应当在新型智慧城市建设中充分发挥数据的作用，使公众和企业等社会主体了解政府的整体规划，并对规划不合理的地方提出自己的建设性意见，以在新型智慧城市建设中达成社会共识，实现新型智慧城市多主体参与的共建。另外，政府要对新型智慧城市建设中不同的公共服务进行高效的整合，其中不但包括政府供给的公共服务，而且包括企业和社会团体等其他社会主体供给的公共服务，公共服务的整合能够实现政府和其他社会主体对新型智慧城市的协作共赢，共同促进新型智慧城市的建设和发展。

（3）多渠道筹集资金，积极对城市内部智慧化改造，推进新型智慧城市发展。

政府要整合现有资金资源，并设立新型智慧城市发展专项资金，重点解决城市基础设施落后、信息传递滞后等问题。首先，要建立专项资金管理监督机制，确保资金正常运作。其次，在吸引社会资本方面，政府应采用 PPP 模式，加大新型智慧城市建设对外开放力度，将更多的社会资金投入新型智慧城市建设。

（4）加强人才队伍建设。

培养优秀人才，增加人才储备，为新型智慧城市发展提供专业的人才保障。目前科技人才的培养多局限于尖端技术应用领域，针对新型智慧城市建设的科技人才尚属缺口的阶段。加强对新型智慧城市建设工作人员的培训，培养社会人才，为高校毕业生提供到新型智慧城市建设的实习锻炼机会，用实践检验所学理论，积极鼓励大学生投身到新型智慧城市建设中，深入新型智慧城市建设锻炼自身专业能力，为新型智慧城市建设提供了新鲜血液。培养年青一代新型智慧城市建设人才。适应新型智慧城市发展的大方向，加强工作人员业务能力与服务能力，更好地服务新型智慧城市高质量发展。

以新型智慧城市建设为研究对象，研究新型智慧城市建设中面临的问题。传统智慧城市建设的重点在于提高公共服务的供给水平，但所提供的公共服务多属于信息技能含量较高的服务，虽然大部分公众能够通过对有关信息技术的掌握而享受这些公共服务，但仍有部分弱势群体由于无法掌握有关技能或地处偏远落后地区而被排斥在公共服务之外，导致公共服务的不均等化。新型智慧城市在建设过程中针对该公共服务困局进行了诸多创新，不但通过多渠道供给来实现公共服务获取的便捷化，确保弱势群体同样能够享受高水平公共服务，而且全力支持国家新型城镇化战略，尽力消除数据鸿沟，确保公众能享受均等的公共服务，从而提高公众公共服务的获得感。除此之外，新型智慧城市能通过对数据信息的智慧化分析，为不同公众提供精准化的公共服务供给，从而提高公众公共服务的幸福感。

紧扣新型智慧城市建设的基本内涵，借助社会学、经济学理论挖掘新时代新型智慧城市建设的含义与特征，拓展新型智慧城市建设的理论视角。构建新型智慧城市建设体系，评价新型智慧城市发展现状，探究新型智慧城市建设区域差异，为新型智慧城市建设及区域平衡发展提供理论指导。针对新型智慧城市建设中难点问题提出协调对策，检验理论分析的适用性。深入挖掘新型智慧城市发展不均衡的深层次原因，提升发展的科学性，有助于制定新型智慧城市建设规划，增强新型智慧城市发展的实践参考性。

第九章　结论与展望

在市场中，物业管理是由物业服务企业提供的服务，顾客则扮演着重要角色。随着市场经济发展，"顾客满意"成为现代物业服务企业必须遵循的准则。只有把"顾客满意"的经营理念，"以人为本"的服务理念植入物业管理中，对业主的需求进行不断的分析、理解、认识、做到全心全意，最大限度地满足顾客的需求，才能保证企业在激烈的市场竞争中永远立于不败之地。通过上述研究发现业主满意度的提升是一个"进行时"，永远在路上，总体来讲需要从两个方面齐头并进：一方面是不断提升服务水平，优化服务质量；另一方面是不断拓展物业服务内容，积极探索和开展社区增值服务，持续满足业主日益增长的需求，实现企业的价值。在整个服务过程中也要高度重视服务品牌的建设工作，不断提升业主满意度，不断壮大物业行业。

通过对国内外文献梳理发现，物业管理在城市化进程中扮演着重要的角色。随着我国经济的快速发展和城市化进程的加速，越来越多的村庄转型为社区，物业管理的重要性也变得越来越突出。通过对"村改居"社区物业管理现状的研究，得出以下结论：

（1）"村改居"社区物业管理存在许多问题，包括缺乏专业化管理、管理不规范、业主参与积极性不高等。

（2）影响"村改居"社区物业管理的因素包括社区发展水平、业主参与度、物业服务水平等。

（3）提出"村改居"社区物业管理的建议，如加强物业管理专业化程度、提高业主参与度、完善物业服务体系等。

目前，在我国物业管理规模不断扩大的进程中，高校物业管理一直占有重要的比重，高校宿舍管理已成为众多物业服务企业的方向，随着高等教育的发展，高校宿舍的物业管理在保障学生基本生活需求方面发挥着巨大作用。物业服务企业在高校物业服务的过程中面临许多问题，为了更好地服务学生，首先就要立足现状，找到阻碍发展的壁垒，提高物业服务标准，找到适合的发展路径才是高校物业服务企业发展的长久之道。笔者通过问卷调查法、文献研究法、访谈法等研究方法，对于高校物业管理的发展情况做了深入细致的研究。为了更好地服务学生，物业服务企业需要尊重学生的意见，提升物业的服务水平。以高校宿舍物业管理过程中存在的问题为出发点，探讨具有借鉴意义的解决方案，以企业和高校为主体，以标准、高效和多样性作为指导原则，促使物业服务品质提升。从标准原则看，推进物业服务新标准的完善。从高效原则看，重点运用员工激励制度，调动企业员工积极性，提供高效服务。从多样原则看，物业服务企业可以拓宽发展领域，注重学生需求，丰富学生生活体验。

针对写字楼物业管理，本书旨在探讨写字楼物业管理的现状及提升策略。通过对国内外研究现状的分析和实证研究，本书得出以下结论：写字楼物业管理出现了新的变化，物业服务企业需要进一步加强安全管理，完善管理措施，引入更多的智能化设备和管理系统，提高管理效率和客户服务水平。笔者提出了一系列有效的应对策略，包括加强写字楼物业安全管理、推行智能化物业管理和完善客户服务体系，提高物业服务企业的管理水平和客户满意度。本书的结论对于提升写字楼物业管理水平，保障客户的健康和安全具有一定的参考价值。

笔者深入研究医院业态物业管理，通过研究发现，随着社会的不断进步，人们的需求也在不断增加。笔者对医院物业管理模式进行调查与研究，采用文献研究法、对比分析法、案例分析法等研究方法。结合当前医院物业管理发展趋势，通过探讨，得到以下结论：

（1）医院业态物业管理仍是一个复杂的、长期的、系统的工程。这就需要物业从业人员运用科学方法不断地进行探索研究，制定出更高水平的服务标准，为患者、家属及职工提供优质的服务，推动医院业态在物业管理市场中朝着健康有序的方向发展。

（2）在医院物业管理中，物业服务企业要以标准化、精细化为总抓手，落实好各科室、岗位、区域的规章制度。在不断完善发展自己的同时，也要吸取其他医院物业管理的优点，取长补短。

随着园区规模的不断扩大，对物业服务企业的要求越来越高。本书采用文献研究法、问卷调查法、比较法等研究方法，根据产业园区客户的反映，掌握园区实际情况，结合园区的发展趋势，探讨产业园区服务企业存在的问题，分析产生原因，提出提升服务水平的策略。

笔者对景区物业管理进行深入研究，发现景区物业管理存在管理不够规范、旅游景区基础设施老化严重、管理信息化水平低、物业从业人才紧缺等问题。随着非居住业态物业管理面积不断增加，旅游景区物业管理的发展规模也越来大，笔者提出应重视景区物业管理工作中存在的不足，提升物业管理工作者的管理水平和人员素质。

养老问题是整个社会关注的焦点。作为物业服务上的"管家"，物业服务企业与居民关系最为密切，对物业服务企业来说，实施居家养老既是机遇，也是挑战。目前，物业服务企业还处于"居家养老"模式的探索阶段，通过研究发现存在居民对服务质量不满、专业养老人才缺乏、配套措施缺失等问题。物业服务企业应树立正确的居家养老观念，优化服务方式，培养专业人才。同时，政府应适当增加对物业服务企业的财政支持。

城市治理需要遵循"法治""精治""共治"原则，坚持改革创新、先行先试，坚持共建共治共享"智慧城市"理念，建立城市管理、服务、运营三位一体"智慧城市"体制机制，健全完善政府负责、市场运行、社会协同、公众参与、法治保障、智慧支撑的现代化城市治理体系，聚焦基层，重心下移，权责明晰，推进系统治理、依法治理、综合治理、全域治理、全民治理、源头治理，提高城市治理的社会化、法治化、智能化和专业化水平。充分发挥市场的力量，解决传统体制管理效率低、服务水平低、群众满意度低的问题。

物业服务企业融入城市服务带动政府、市场和社会组织之间的良性互动，为建设服务型政府奠定基础，市场化程度的提高在一定程度上解决了"智慧城市"建设与发展进程中的障碍。物业服务企业拓展城市服务也为公众享受城市公共服务降低了准入门槛，有利于维护社会弱势群体的利益。创新城市服务方式成为未来城市治理的一大趋势，物业服务企业拓展城市服务研究变得紧迫而重要。

参考文献

［1］ Aldry B, Hackl P, Anders H. Westlund. Robustness of Partial least-Squares Method for Estimating Latent Variable Quality Structures ［J］. Journal of Applied Statistics, 2012, 26 (4): 47-60.

［2］ Barrett P, Lee A, Yan J Y. The Integration of Property and Facility Management: A Review of Current Developments ［J］. Facilities, 2009, 17 (2): 123-138.

［3］ Carly N, Falak J, Harry F. The "Corona Warriors"? Community Health Workers in the Governance of India's COVID-19 Response ［J］. Political geography, 2022, 19 (12): 145-166.

［4］ Cass T. Fusing Spanish Official Gazette with big Data Technology ［J］. Big Data, 1998, 6 (2): 124-138.

［5］ Chiang C Y, Tsai C L. Integrating Property Management and Service Management in Commercial Properties: A Conceptual Framework ［J］. Journal of Real Estate Research, 2012, 30 (2): 101-117.

［6］ Christopher P. Management Challenges and Responses ［J］. Property Management, 2014, 32 (1): 16-17.

［7］ Christudason A. Choice of Property Management System for Residential Strata Developments in Singapore ［J］. Property Management, 2008, 26 (2): 97-111.

［8］ Dehao C. Research on the Property Management Pattern of Industrial Park ［J］. China Real Estate, 2012, 21 (6): 45-52.

［9］ Fu H R. Research on the Promotion Strategy of Urban Community Fine Governance ［J］. World Scientific Research Journal, 2020, 6 (10): 1-24.

［10］ Fukuyama F. In IEEE Symposium on Visual Languages, July 27-30, 1996 ［C］. New York: IEEE, 1996.

［11］ Honchar V, Uzun M. Development of Assessment Methods of Effectiveness of Innovative Staff Activity Motivational Mechanism ［J］. Baltic Journal of Economic Studies, 2016, 2 (3): 111-119.

［12］ Hopkims E A, Read D C, Goss R C. Promoting Sustainability in the United Stages Multifamily Property Management Industry ［J］. Journal of Housing and the Built Environment, 2017, 32 (2): 361-376.

［13］Huang J, Hu Y, Wang J. A Tale of two Cities: Jobs-housing Balance and Urban Spatial Structures from the Perspective of Transit Commuters ［J］. Environment and Planning B: Urban Analytics and City Science, 2021, 48 (6): 1543-1557.

［14］Jessop B. The Rise of Governance and the Risks of Failure: the Case of Economic Development ［J］. International Social Science Journal, 1998, 50 (155): 29-45.

［15］Lam T Y M. Economic Perspective on Outsourcing of Property Management Service ［J］. Property Management, 2012, 30 (4): 318-332.

［16］Li J W, Dai Y, Zhang Y. Integrating Property Management and Service Management in Commercial Properties ［J］. Journal of Cleaner Production, 2020, 26 (1): 57-66.

［17］Li W, Li Q, Liu Y, et al. Decision-Making Factors for Renovation of Old Residential Areas in Chinese Cities Under the Concept of Sustainable Development ［J］. Environmental Science and Pollution Research, 2023, 30 (14): 39695-39707.

［18］Luo X, Ren M, Zhao J, et al. Life Cycle Assessment for Carbon Emission Impact Analysis for the Renovation of Old Residential Areas ［J］. Journal of Cleaner Production, 2022, 367 (20): 1-17.

［19］Mariano R, Alfonso M, Karen W F. The Hierarchy of Needs Empirical Examination of Maslow's Theory and Lessons for Development ［J］. World Development, 2023, 27 (2): 104-117.

［20］Marit S V, Kathrine L A, Svein B. Buildings' impact on Effective Hospital Services—The Means of the Property Management role in Norwegian Hospitals ［J］. Journal of Health Organization and Management, 2014, 28 (3): 386-404.

［21］Melnikas B. Urban Development and Property Management in the Context of Societal Transformations: Strategic Decision-making ［J］. International Journal of Strategic Property Management, 2005, 9 (4): 247-268.

［22］Meng Y. Urban Renewal in Context of Rapid Urbanization ［J］. Landscape Architecture Frontiers, 2017, 5 (5): 44-51.

［23］Morgan D R. Urban Management: An American Perspective ［M］. New

York: Macmillan, 2016: 42-43.

[24] New Zealand Government: Pilot for School Property Management Starts [J]. M2 Presswire, 2014, 13 (1): 165-177.

[25] Palm P. Who Should Clean the University? The in-house Outsourcing Decision from a Student Perspective [J]. Facilities, 2021, 39 (9/10): 635-651.

[26] Peters B G. The Future Governance Model of Government [M]. New York: Professional Publishing Group, 2013: 117.

[27] Read D C, Carswell A. Is Property Management Viewed as a Value-added Service [J]. Property Management, 2018 (3): 34-39.

[28] Richard E, Suzanne V, Howard R. Property Management Competencies for Mamement Traines [J]. The Comell Hotel and Restaurant Administration Quarterly, 2017, 37 (4): 90-96.

[29] Simning A, Wijngaarden E V, Conwell Y. Anxiety, Mood and Substance use Disorders in United States African American Public Housing Residents [J]. Soc Psychiatry Psychiatr Epidemiol, 2011, 46 (10): 983-992.

[30] Skandhakumar N, Reid J, Salim F, et al. A Policy Model for Access Control using Building Information Models [J]. International Journal of Critical Infrastructure Protection, 2018, 23 (12): 1-10.

[31] Toffler A. Innovative Approaches to the Sustainable Development Goals using Big Earth Data [J]. Big Earth Data, 1980, 5 (3): 263-276.

[32] Yan S H, Zhang P J. Research on the Application of a New Type of Trash Can in the Renovation of Old Communities [J]. Journal of Sociology and Ethnology, 2022, 4 (4): 117-131.

[33] Yip N, Chang C, Hung T. Modes of Condominium Management: a Principal-Agent Perspective [J]. Facilities, 2007, 25 (5): 215-226.

[34] Zhe Z, Bindong S. A Discussion on Job-Housing Balance and City Commuting: Taking Putuo District of Shanghai as Example [J]. Areal Research and Development, 2012, 31 (7): 88-92.

[35] Zheng Z, Zhou S, Deng X. Exploring both Home-based and Work-based

Jobs-housing Balance by Distance Decay Effect［J］. Journal of Transport Geography，2021，94（4）：103043.

［36］Öztüren A，Kilic H，Olorunsola V，et al. Managing Natural Tourism Attractions Based on Visitor Reviews：A Case Study of Golden Beach，Karpaz［J］. Worldwide Hospitality and Tourism Themes，2021，13（4）：535-544.

［37］曹阳. 疫情带来的物业管理精神的思考［J］. 中国物业管理，2022（4）：86-87.

［38］常婷. 社区共治视角下的物业管理服务联动优化路径研究［J］. 广西城镇建设，2022（6）：58-63.

［39］陈佳佳. 如何做好医院物业服务？［J］. 城市开发，2022（3）：114-115.

［40］陈石英. 数字社会视域下城市社区治理的空间转向研究［J］. 互联网周刊，2020（5）：10-12.

［41］陈爽. 从疫情防控透视物业管理在社区治理中的价值［J］. 现代物业（中旬刊），2020（5）：14-15.

［42］陈爽. 社区治理视角下的"物业服务+居家养老"模式研究［J］. 广西城镇建设，2022（11）：46-50.

［43］陈曦. 城市社区治理中数字信息技术应用机制研究的知识谱系与展望［J］. 经济研究导刊，2023（2）：137-139.

［44］陈曦. 物业服务企业助力城市社区治理现代化研究［J］. 广西城镇建设，2021（12）：86-89.

［45］陈小芳，邓福康. 国内外物业管理模式对安徽省物业管理发展的启示［J］. 湖北经济学院院报（人文社会科学版），2015，12（8）：55-57.

［46］陈永全. 物业价值体系的蜕变与思考——武汉"物业城市"观察［J］. 住宅与房地产，2020（22）：35-37.

［47］程莉雅. "村改居"社区治理结构研究——以温州市 WS 社区为例［D］. 咸阳：西北农林科技大学，2019.

［48］丛为一，苏义坤，潘思辰. 基于结构方程模型的被动式住宅业主满意度研究［J］. 工程管理学报，2018，32（6）：144-148.

［49］崔庆宏，黄蓉，王广斌．新型智慧城市运营能力及其影响因素研究——以山东省为例［J］．城市问题，2021（1）：10-18+37.

［50］戴菁瑜．物业管理推动社区治理的路径研究——以南昌市红谷滩区为例［D］．南昌：江西财经大学，2021.

［51］邓国胜，程令伟．物业管理融入城市社区治理的理论逻辑与路径创新［J］．城市发展研究，2021，28（9）：87-91+124.

［52］邓娟，皮晓菲．新港街道："红色物业"撬动基层治理新格局［N］．滨城时报，2021-08-25（004）.

［53］邓智文．旅游景区管理存在的问题及对策研究［J］．商场现代化，2016（22）：84-85.

［54］董立仁．提高完整社区建设和治理水平研究［J］．华北水利水电大学学报（社会科学版），2023，39（2）：81-87.

［55］董众赢，秦岭．"老病症"开出"新处方"［N］．四平日报，2019-07-23（006）.

［56］窦苏川．A集团企业员工激励机制优化研究［D］．大连：大连理工大学，2022.

［57］杜娟，钟昕怡，唐有财．数字技术赋能社区治理的现实问题及对策探析［J］．领导科学，2023（2）：112-116.

［58］冯金才．扎实推进新建住宅小区前期物业项目"红色驿站"建设［N］．中国建设报，2021-09-01.

［59］高佛雁．官渡区"红色物业"破解老旧小区管理难题［J］．云岭先锋，2019（6）：47.

［60］高志勇．以"八级慧谈"模式激活企业发展内生动力［J］．中国煤炭工业，2020（11）：42-43.

［61］苟强．推动物业管理与社区治理双向融入［J］．中国物业管理，2021（4）：50-51.

［62］郭广伟，谢丽丽．新型智慧城市建设与市域社会治理现代化融合互动研究［J］．河北青年管理干部学院学报，2022，34（3）：42-46.

［63］郭金龙，汪校正．物业公司介入社区养老的安居乐业方法论［J］．住

宅与房地产, 2022 (19): 48-52.

[64] 郭雪莲. 基于业主满意度的 HL 上岛物业管理优化措施研究 [D]. 成都: 西南财经大学, 2013.

[65] 郭元飞, 张聪杰. "红色物业"融入社区治理的实践路径 [J]. 沧州师范学院学报, 2020, 36 (4): 20-24.

[66] 何福平, 王小星, 朱拥军. 老旧小区实施物业化管理的实践与思考 [J]. 城市管理与科技, 2016, 18 (4): 57-59.

[67] 何玲, 孟佳惠. 打造"星级物业"让老百姓住得更舒心 [J]. 中国信用, 2021 (4): 56-57.

[68] 胡靓. 刍议智能传媒景观型地埋式箱变在新型智慧城市建设中的前景分析 [J]. 电器工业, 2022 (6): 46-49.

[69] 胡沛枫, 马远远, 黄毅敏. 双循环视阈下企业高质量发展内生动力系统构建研究 [J]. 创新科技, 2021, 21 (7): 61-73.

[70] 胡舒美. 新冠肺炎疫情背景下物业企业参与老旧社区治理问题研究——以武汉开发区（汉南区）为例 [D]. 武汉: 华中科技大学, 2020.

[71] 贾薇, 叶怀远, 林迪芬. 物业服务质量对顾客价值及顾客忠诚的影响: 居住档次的调节作用 [J]. 财经论丛, 2017 (3): 92-102.

[72] 江越. 物业管理企业在社区疫情防控常态化中的作用研究 [J]. 国际公关, 2022 (14): 34-36.

[73] 蒋林洧. K 企业员工激励机制优化研究 [D]. 重庆: 重庆师范大学, 2021.

[74] 蒋英, 彭后生, 房亮, 等. A 市住宅物业公共服务及服务收费情况调研分析 [J]. 住宅与房地产, 2018 (30): 1-12.

[75] 金筱霖、王晨曦, 张璐, 等. 数字赋能与韧性治理双视角下中国智慧社区治理研究 [J]. 科学管理研究, 2023, 41 (1): 90-99.

[76] 金占勇, 田亚鹏, 康晓辉. 医院物业管理问题及对策分析 [J]. 中国医院建筑与装备, 2019, 20 (6): 83-84.

[77] 康芳, 李长远. 社会资本参与养老服务的理论逻辑、实践困境及其破解之道 [J]. 理论导刊, 2019 (6): 29-34.

[78] 孔德渊，邱慰祥，张华，等．基于物联网数据的智能楼宇物业服务质量评估研究 [J]．微型电脑应用，2021，37（6）：108-112.

[79] 雷望红．"村改居"小区中的自办物业与社区治理 [J]．济南大学学报（社会科学版），2016，26（6）：117-122.

[80] 雷一鸣．基于项目管理的××物业公司服务质量优化研究 [D]．武汉：武汉工程大学，2018.

[81] 李红艳，李斌．基于低碳物业管理措施与业主满意度关系实证分析 [J]．辽宁省社会主义学院学报，2017（2）：77-80.

[82] 李朗．城市老旧小区物业管理现状分析及路径探讨 [J]．河北建筑工程学院学报，2022，40（2）：170-175.

[83] 李璐．医院物业管理发展现状与对策探析 [J]．管理学家，2020（17）：149-150.

[84] 李晓玉．基于顾客满意度的物业管理研究——以阳光水岸小区为例 [D]．太原：中北大学，2016.

[85] 李雅锋，张洪兴．嘉兴市借老旧小区改造推进物业管理 [J]．现代物业（上旬刊），2010（8）：50-51.

[86] 李宇嘉．从疫情防控看社区治理和物业管理 [J]．中国房地产，2020（13）：16-19.

[87] 李运海．医院项目对物业管理的要求解析 [J]．中国物业管理，2022（12）：114-115.

[88] 梁瑜静，谢强强，陈灿龙．推进住宅物业管理与社区治理融合发展的路径探讨 [J]．上海房地，2022（7）：23-27.

[89] 林红洲．住宅小区物业管理业主满意度的评价分析——以 T 物业管理公司为例 [D]．汕头：汕头大学，2020.

[90] 林丽超，陈兴明．如何激发企业产教融合的内生动力 [J]．中国高校科技，2019（7）：71-74.

[91] 刘继萍，郑福龙．物业管理企业在新冠疫情冲击下面临的挑战与机遇 [J]．内蒙古财经大学学报，2021，19（4）：122-126.

[92] 刘俊霞．基于游客满意度的贵州乡村旅游优质服务提升路径研究

［D］. 贵阳：贵州财经大学，2020.

［93］刘乃雯. 吉林省物业服务企业参与社区居家养老服务的问题与对策研究［D］. 长春：长春工业大学，2021.

［94］刘亚赛. 我国旅游景区物业管理能力的内涵、关注点和提升对策研究［J］. 上海房地，2019（12）：8-12.

［95］刘智超，王思远. 文教街道："红色物业治理联盟"提升基层治理效能［J］. 宁波通讯，2020（6）：40-43.

［96］卢竞攸. 基于大数据技术的企业管理数字化转型方法探析［J］. 现代商业，2023（11）：89-92.

［97］鲁美彤. 品牌物业管理小区业主满意度评价与提升对策研究［D］. 沈阳：沈阳建筑大学，2021.

［98］陆斌彬. 基于大数据的网络数据信息安全实时监测方法［J］. 数字通信世界，2023（1）：40-42.

［99］吕新凝. 新冠肺炎疫情冲击下社区、小区物业管理应对与变革［J］. 产业与科技论坛，2020，19（17）：209-210.

［100］马德超. 物业服务质量对业主满意度的影响研究［D］. 长春：东北师范大学，2021.

［101］马晓信. 从万科物业到万物云，瞄准了城市服务赛道［J］. 城市开发，2021（17）：14-17.

［102］邱菊颖. 构建产业园区物业管理服务措施的几点思考［J］. 财经界，2020（8）：83-84.

［103］任淑娟，杨伟才，刘媛. 加强时代典型选树激活企业内生动力［J］. 冶金企业文化，2018（5）：46-48.

［104］沈建忠. 医院物业服务的标准化和专业化［J］. 城市开发，2018（5）：11.

［105］沈建忠. 以新时代的产业园区物业服务 带动行业高质量发展［J］. 中国物业管理，2019（7）：10-13.

［106］施燕惠. 探究物业管理商业化的问题与处理思路［J］. 商，2015（11）：17.

［107］史章锐．新型智慧城市 5G 通信技术与人工智能的融合及发展趋势［J］．中国新通信，2022，24（12）：10-12.

［108］苏晓杨，赵阿男．物业服务企业业主满意度测评指标体系的设计［J］．消费导刊，2015（4）：79.

［109］孙明爽．大数据时代 H 市社区治理存在的问题及对策研究［D］．沈阳：沈阳师范大学，2022.

［110］田洪婧．基于居民生活便利需求的老旧小区改造策略研究——以天津市市内六区为例［D］．天津：天津城建大学，2022.

［111］汪斌锋．从"外部党建"到"嵌融共生"：中小企业党建内生动力与推动路径［J］．领导科学，2021（20）：96-98.

［112］汪国梅．党建引领下社会组织介入社区治理创新研究——基于老旧小区"+物业"的考察［D］．兰州：兰州大学，2022.

［113］王威．基于三元空间反馈控制结构的新型智慧城市评价模型及评价标准研究［J］．系统科学学报，2023，31（3）：58-64.

［114］王伟进，张亮，张芳．依托信托制物业管理破解社区治理难题［J］．住宅与房地产，2022（28）：58-62.

［115］王娴珺．HJ 物业管理公司物业服务质量提升策略研究［D］．济南：山东师范大学，2021.

［116］王祥．基层社区治理的"数字利维坦"风险及其应对——基于目标替代理论和技术执行框架的分析［J］．领导科学论坛，2023（3）：105-109.

［117］王筝．城市社区多元治理中的物业管理定位［J］．河南牧业经济学院学报，2020，33（4）：7-11.

［118］王志成．探究如何做好医院物业管理服务［J］．国际公关，2022（15）：98-100.

［119］文军．直面新冠肺炎：风险社会的社区治理及其疫情防控［J］．杭州师范大学学报（社会科学版），2020，42（2）：3-11.

［120］吴莹．"村改居"社区物业管理的主要类型与存在问题［J］．城市观察，2016（1）：96-104.

［121］武川正吾，金妮．转型期的日本社会保障［J］．社会保障研究（北

京），2005（2）：52-60.

[122] 武新新. 基于数据挖掘技术的智慧社区建设现状及影响因素分析——以北京市丰台区为例［D］. 石家庄：河北经贸大学，2021.

[123] 谢平，黄剑平，李胜兰. 武汉市老旧住宅区物业管理现状及改善分析报告［J］. 中华建设，2013（9）：80-83.

[124] 谢晓慧，黄乐. 企业扩张开启城市服务新赛道［J］. 中国物业管理，2021（4）：62-63.

[125] 修蕾. 推动全面从严治党向基层延伸增强企业发展内生动力［J］. 石油政工研究，2018（1）：50-52.

[126] 徐婧婷. 基层社区疫情防控政策执行效果影响因素研究——以浙江省杭州市钱塘新区社区调查为例［D］. 杭州：杭州电子科技大学，2021.

[127] 徐郁. 民营企业 ZM 建设公司员工激励机制研究［D］. 桂林：广西师范大学，2020.

[128] 许闻苑. 住宅物业管理科技化的发展现状与挑战［J］. 中国房地产，2021（28）：65-68.

[129] 许英杰. 杭州市老旧社区物业管理提升研究——以杭州市 M 社区为例［D］. 上海：华东政法大学，2021.

[130] 闫晓薇. 物业公司参与社区治理的实践路径研究［D］. 兰州：西北师范大学，2022.

[131] 阎祥东. 街区化背景下的智慧社区建设研究［D］. 青岛：山东科技大学，2017.

[132] 燕妮. 基于扎根理论的城市老旧小区治理困境及对策研究——以青岛市 S 区为例［D］. 青岛：青岛大学，2020.

[133] 杨斌虎，陈晨. 用"心气文化"激发企业发展内生动力［J］. 中国石化，2020（12）：32-34.

[134] 杨成，何刘艳，万荣华. 盘活人力资源增强企业内生动力［J］. 大众用电，2019，34（1）：41-42.

[135] 杨艳梅. 疫情下对物业企业参与社区应急管理的思考［J］. 中共合肥市委党校学报，2020，19（6）：49-51+61.

［136］姚成林.A 企业员工激励机制改进研究［D］.上海：上海财经大学，2020.

［137］姚颖超."党建+共建"让老旧小区靓起来［J］.宁波通讯，2020（2）：22-24.

［138］叶成.物业企业参与社区治理问题研究——以武汉市洪山区为例［D］.武汉：华中师范大学，2018.

［139］叶锡祥.构筑红色物业联盟　打造城市小区治理的衢州样本［J］.政策瞭望，2018（12）：53-56.

［140］佚名.武汉钢花村街 117 社区：红色物业显成效　老旧社区变模样［J］.住宅与房地产，2019（1）：88-89.

［141］殷闽华.社区治理中的物业管理：服务质量对居民归属感的影响［J］.东南学术，2020（3）：162-171.

［142］于辉，周文翠，卜宪华，等.新冠疫情背景下物业参与社区治理的路径研究［J］.中国经贸导刊（中），2020（10）：137-139.

［143］于潇，邓郴春.从方庄小区改造看老旧小区物业管理［J］.中国物业管理，2006（8）：52-53.

［144］余冬慧.精神型领导、心理需求满足与员工主动性行为的关系研究［D］.金华：浙江师范大学，2022.

［145］宇丽君.提升创新园区物业管理服务水平研究［J］.上海商业，2022（9）：168-170.

［146］袁浩.城市社区物业管理能力提升路径探析［J］.海峡科技与产业，2021，34（5）：74-78.

［147］张栋栋，张立雯.旅游景区的物业管理经验——以扬州市瘦西湖景区为例［J］.住宅与房地产，2020（1）：42-43.

［148］张昊.高校物业服务企业管理现状分析及对策研究［J］.现代营销（经营版），2021（9）：128-129.

［149］张佳.DR 物业管理公司提升服务质量研究［D］.石家庄：河北地质大学，2020.

［150］张家年，王海澍.疫情防控过程中社区物业管理的作用及影响研究

［J］．居业，2020（5）：168+170.

　　［151］张乐敏，张若曦，黄宇轩，等．面向完整社区的城市体检评估指标体系构建与实践［J］．规划师，2022，38（3）：45-52.

　　［152］张林华．医院物业管理发展方向探析［J］．中国物业管理，2018（2）：44-45.

　　［153］张琳汩．社区治理背景下物业管理服务发展研究［J］．住宅产业，2022（7）：8-10.

　　［154］张伟．"物业城市"——城市社会治理新模式［J］．中国物业管理，2021（8）：87-89.

　　［155］张云颖．完整社区理念下社区养老服务设施建设策略研究——以海淀街道为例［D］．北京：北京建筑大学，2022.

　　［156］赵红达．LX物业公司业主满意度提升策略研究［D］．邯郸：河北工程大学，2021.

　　［157］赵奎峰．H物业公司住宅物业服务业主满意度测评研究［D］．西安：西安科技大学，2020.

　　［158］赵霞，魏星辰．供给侧改革背景下物业服务创新路径研究——基于315份调研问卷的分析［J］．中国房地产，2017（3）：64-68.

　　［159］赵学军．让绩效管理成为企业改革发展的内生动力［J］．石油组织人事，2021（2）：51-54.

　　［160］郑娴．新时代城市社区治理问题及对策研究［J］．国际公关，2022（11）：95-97.

　　［161］郑禹晞．城市社区治理模式创新的实践路径——以西安市为例［D］．西安：中共陕西省委党校，2022.

　　［162］中国城市规划学会．面向高质量发展的空间治理［C］//2020中国城市规划年会论文集．北京：中国建筑工业出版社，2021.

　　［163］钟平燕．城市住宅小区物业管理工作中的政府监管问题及对策研究——以泸州市为例［D］．泸州：西南医科大学，2022.

　　［164］钟志斌．火热！物业跨界城市服务［J］．城市开发，2021（19）：48-49.

［165］周婕．TF 公司物业服务质量提升研究［D］．杭州：浙江工业大学，2020.

［166］周伟帅．H 物业服务企业业主满意度评价研究［D］．石家庄：石家庄铁道大学，2019.

［167］周云．物业管理国际标准与质量认证［M］．南京：东南大学出版社，2000.

［168］朱红燕，周蓉．疫情影响下社区物业管理行业的现状、问题与反思［J］．内江科技，2021，42（1）：12-13.

［169］朱婧，夏宝晖，柳强．基于顾客满意度分析的物业管理问题及对策建议——以沈阳龙湖香醍漫步项目为例［J］．辽宁经济，2019（11）：60-61.

［170］朱巍．基于服务质量差距模型的物业服务质量管理体系研究［D］．柳州：广西科技大学，2013.

［171］祖力皮亚·祖农．我国旅游景区服务质量提升策略分析［J］．现代营销（信息版），2020（7）：40-41.